Siimon Reynolds hat drei Werbeagenturen geleitet und mehrere Preise für seine Werbekampagnen gewonnen. Zur Zeit ist er Geschäftsführer der John Singleton Agentur in Sydney, darüber hinaus hält er Vorträge zum Thema »Erfolg in Beruf und Privatleben«.

W0056964

Titel der Originalausgabe: »Become Happy in Eight Minutes«
Copyright © 1996 by Siimon Reynolds
Published by Arrangement with the Author
Originalverlag: Plume (Penguin Group), New York
Umschlaggestaltung: Agentur Zero, München
Satz: Ventura Publisher im Verlag
Druck und Bindung: Ebner Ulm
Printed in Germany
ISBN 3-426-82108-7

5 4 3 2 1

Siimon Reynolds

Gut drauf
in acht Minuten

Aus dem Amerikanischen von
Susanne Althoetmar-Smarczyk

Inhalt

Auf der Suche
nach dem Glück

Jeder Mensch möchte gerne glücklich werden.

Ganz gleich, wie alt man ist und welchen Beruf man hat, es liegt in der Natur des Menschen, jeden Morgen aufzustehen und etwas zu tun, von dem man glaubt, daß es einen glücklicher macht. Glück ist das Ziel der Ziele, der Heilige Gral im Leben der meisten Menschen. Fragen Sie Leute auf der Straße nach dem einen Wunsch, der in Erfüllung gehen soll, und die wenigsten wollen ein Filmstar sein oder eine Million Mark auf der Bank haben, die meisten würden schlicht und einfach antworten: »Ich möchte glücklich sein.«

Dennoch ist es kaum einer von uns. Der renommierte Psychologe Mihalyi Csikszentmihalyi kam nach einer weltweit durchgeführten, eingehenden Studie zu dem Schluß: »Von Grund auf glückliche Menschen gibt es nur sehr wenige.«

Vielleicht sind viele von uns nicht glücklich, weil sie es für ein unerreichbares Ziel halten, das nur von kahlrasierten Mönchen in abgele-

genen Klöstern im nördlichen Tibet nach jahr-
zehntelanger Übung erreicht wird.

> * Wie man glücklich wird und
> * bleibt, ist tatsächlich zu allen
> * Zeiten für die meisten
> * Menschen das geheime Motiv
> * all ihres Tuns.
> * *William James, Philosoph*

Nichts könnte der Wahrheit ferner liegen. In
gemeinsamen Studien haben Biologen und
Verhaltensforscher ermittelt, was beim Menschen gute und schlechte Stimmungen hervorruft. Nachdem sie peinlich genau ana-
lysiert hatten, wie das Gehirn funktioniert,
konnten sie zahlreiche Wege aufzeigen, wie
man seine Laune binnen Minuten (jawohl,
Minuten!) verbessern kann. Obwohl diese Ergebnisse in Forschungsberichten und psych-
iatrischen Zeitschriften veröffentlicht wurden, sind die Informationen bis jetzt noch
nicht in einem kurzen, knappen, leicht verständlichen Buch erschienen.
Gut drauf in acht Minuten wird Ihnen genau
das vermitteln. Es wird Sie nicht die Wahrheit
über Gott lehren oder welchen Platz wir im

Universum einnehmen oder wie Sie jeden Tag vierundzwanzig Stunden lang sieben Tage die Woche vor Glück strahlen. Aber in diesem Buch wird Ihnen genau erklärt, wie Sie glücklicher werden, als Sie es jetzt sind. Schnell.

> ❋ Wir alle wollen glücklich
> ❋ sein, und wir alle werden
> ❋ sterben … Man könnte sagen,
> ❋ daß dies die einzigen beiden
> ❋ unbestreitbaren Wahrheiten
> ❋ sind, die auf jeden Menschen
> ❋ auf diesem Planeten zutreffen.
> ❋ *William Boyd, Schriftsteller*

Wenn Sie in einer schrecklichen Verfassung sind, werden Sie sich bald besser fühlen. Wenn es Ihnen bereits ganz gut geht, helfen Ihnen diese Techniken dabei, sich in viel kürzerer Zeit glücklich und zufrieden zu fühlen, als ihr Arzt benötigt, um Ihnen ein Psychopharmakon zu verschreiben.

Seien wir doch mal ehrlich, wir alle sind manchmal in ganz fürchterlicher Stimmung. Das bedeutet aber nicht, daß man diese schlechte Laune beibehalten muß. Wenden Sie die Techniken dieses Buches an, und Sie sind in der Lage, in wenigen Augenblicken Ihre Stimmung zu ändern. Wenn Sie ein Anhänger dieser Methoden werden, werden die Menschen um Sie herum rasch feststellen, wie gut Sie »drauf« sind. Schon bald werden Sie Glücksgefühle kennenlernen, die den meisten Menschen ihr Leben lang unbekannt bleiben.

Wenn Sie diese Techniken voller Überzeugung anwenden, wird das außerordentliche Auswirkungen auf Ihr Leben haben. Warum? Weil jeder einzelne Bereich unseres Lebens von unseren Stimmungen tief beeinflußt wird. Wenn es Ihnen gelingt, im Büro Ihre gute Laune nicht zu verlieren, können Sie viel effektiver arbeiten. Sie verbringen dann weniger Zeit damit, sich mit Ihrem ewig meckernden Chef, der sich aufführt wie Attila der Hunne, herumzustreiten, und haben viel mehr Zeit, erfolgreiche Transaktionen durchzuführen.

Wenn Sie zu Hause guter Laune sind, kommen Sie besser mit Ihrer Familie zurecht. Leute sind gerne mit Menschen zusammen, die glücklich sind. Wenn es Ihnen also gelingt, Ihre Stimmungen zu verbessern, werden Sie auch mehr Freunde haben. Selbst Ihrem Hund

wird auffallen, daß Sie glücklicher sind –
mehr Spaziergänge, weniger Geschrei!

*   Glück ist, wenn man eine
*   große, liebevolle, fürsorgliche,
*   eng verbundene Familie in
*   einer anderen Stadt hat.
*   *George Burns, Komiker*

Die Fähigkeit, schlechte Laune rasch zu über-
winden, wird Ihre Lebensqualität in wunder-
barer Weise verbessern und wahrscheinlich
sogar Ihr Leben verlängern. Fragen Sie einen
Experten nach der Wirkung der Psyche auf
das Immunsystem. Selbst der Zustand unserer Zellen wird von unseren Stimmungen beeinflußt.

Vielleicht glauben Sie, das hört sich zu schön
an, um wahr zu sein. Wie, so werden Sie
fragen, kann etwas, das so schwierig erscheint, so leicht und rasch erreicht werden?
Nun, dank wissenschaftlicher Erkenntnisse.
Einst schien es unmöglich, daß der Mensch
fliegen könnte, dennoch umkreisen wir jetzt
die Erde in weniger als einem Tag, während
wir uns bequem zurücklehnen, Erdnüsse kau-

en und Champagner schlürfen. Einst schien die Vorstellung, helleres Licht als das von Kerzen zu erhalten, ein Hirngespinst. Heutzutage bedarf es nur eines Knopfdrucks, um ein ganzes Fußballfeld in gleißendes Licht zu tauchen. Einst benötigten Nachrichten Wochen, um auch nur 100 Kilometer zurückzulegen, jetzt erreichen sie den Mars binnen Minuten. Und dies alles, weil Wissenschaftler Geheimnisse entschlüsselt haben, die der Menschheit zuvor ein Rätsel waren.

Wenn die Wissenschaft bezüglich der Welt um uns herum solche gewaltigen Fortschritte gemacht hat, erscheint es dann nicht naheliegend, daß sie auch bei ihren Erkenntnissen über das Innere des Menschen große Erfolge zu verzeichnen hat? Natürlich hat sie das, und auf den folgenden Seiten werde ich Ihnen einige wesentliche Informationsglanzlichter vorstellen.

Im Laufe der Zeit werden die Vorstellungen aus diesem Buch allen bekannt sein und von allen genutzt werden (Vergessen Sie nicht, daß alle Techniken wissenschaftlich erprobt sind!). Niemand wird sie dann noch als ungewöhnlich betrachten. Tatsächlich wird in Zukunft jeder, der sich dieser Techniken nicht bedient, als primitiv angesehen werden! Aber im Augenblick sind diese einfachen Methoden nur wenigen Menschen bekannt – den wissenschaftlichen Pionieren und den Leuten, die dieses Buch lesen.

Wie habe ich von diesen Durchbrüchen in der Erforschung des Menschen erfahren? Gestatten Sie mir, Ihnen einen kurzen Abriß meiner Untersuchung zu geben.

Ich war eines der sogenannten Wunderkinder in der Geschäftswelt. Mit Mitte Zwanzig war ich Mitbegründer einer unglaublich erfolgreichen Werbeagentur in Australien und baute auch eine der laut New York Times vielversprechendsten jungen Agenturen in New York auf. Binnen eines Jahres konnten wir voller Stolz Toyota und Philip Morris als unsere Klienten vorweisen. Ich war in Fernsehshows zu Gast, wurde zu allen »coolen« Partys eingeladen und gewann sogar einen Preis als erfolgreichster Jungunternehmer, aber irgend etwas fehlte.

Meine Zeit verbrachte ich damit, auf etwas hinzuarbeiten, aber es nie zu erreichen. Ich war so damit beschäftigt, mehr materielle Dinge zu erwerben, daß für mein inneres Wohlergehen keine Zeit mehr blieb. Kurzum, ich war nicht glücklich. Gott sei Dank hatten mir meine Eltern jedoch von klein auf eingeflößt, wie wertvoll es ist, zu lernen. Daher beschloß ich, als mir schmerzlich bewußt wurde, daß ich tief in meinem Inneren unzufrieden war, der Sache mit dem Glück ein für alle Mal auf den Grund zu gehen.

*   Die amerikanische Verfassung
*   garantiert kein Glück,
*   sondern nur das Streben nach
*   Glück. Finden und festhalten
*   müssen Sie es selbst.
*   *Benjamin Franklin,*
*   *Staatsmann und Philosoph*

Ich verschlang ein Buch nach dem anderen, las bis zum frühen Morgen, suchte nach etwas, irgend etwas, das mir das Geheimnis des Glücks enthüllte und mich meinem Ziel, glücklich zu werden, näherbrachte.
Dabei stieß ich auf einige faszinierende Ideen über die Kunst und Wissenschaft des Glücklichseins. Ich las das Werk Norman Cousins, der in dem Buch *Der Arzt in uns selbst: Die Geschichte einer erstaunlichen Heilung gegen alle düsteren Prognosen* beschreibt, wie er

eine tödliche Krankheit bezwang, indem er sich selbst beibrachte, zu lachen und das Leben wirklich zu genießen.

Ich las die Werke von Deepak Chopra, einem brillanten Mann, der sowohl in westlicher Medizin als auch in klassischen indischen Ayurveda-Heiltechniken ausgebildet ist. Dieser moderne Guru veröffentlicht einen Forschungsbericht nach dem anderen, in denen er belegt, daß unser Glücklichsein die Gesundheit direkt beeinflußt.

Unzählige Bücher von Medizinern, von Dr. Maxwell Maltz bis zu Dr. Spenser Johnson, habe ich durchgearbeitet. Ich habe die Buchhandlungen abgeklappert, um herauszufinden, was Philosophen über das Glück zu sagen haben, und mich in die alten Texte von Lao-tse, Konfuzius und Da mo und die neuen von Daisetz Suzuki, Jon Winokur, Paramahansa Yogananda, John Blofeld, Mantak Chia und unendlich vielen anderen vertieft. (Siehe die »Bibliothek des Glücks« auf Seite 125).

Ich lernte eine Menge. Ich erfuhr aber auch, daß es nicht ausreicht, Dinge zu wissen. Solange man sie nicht zu einem Teil seines Lebens macht, sie wirklich benutzt, ausprobiert und sie rigoros verfeinert, zeigen sie keinerlei

Wirkung. Also setzte ich das, was ich gelernt hatte, in die Praxis um – mit verblüffenden Ergebnissen. Sofort verdreifachte ich meine glücklichen Augenblicke und reduzierte die Phasen, in denen ich niedergeschlagen war, dramatisch. Dies war der wirkliche Durchbruch auf meiner Suche nach dem Glück. Endlich hatte ich das Gefühl, mein Leben und meine Gefühle stärker kontrollieren zu können.

❋ Zuviel des Guten
❋ kann wunderbar sein.
❋ *Mae West, Schauspielerin*

Das Seltsame war, daß es gar nicht lange dauerte, bis alle Menschen um mich herum den Unterschied bemerkten. Freunde und Arbeitskollegen begannen sich zu erkundigen, wie ich es schaffte, sooft »gut drauf« zu sein, wodurch ich emotional stark und beständig war. Wenn auch nur das geringste Interesse geäußert wurde, fing ich an, mich lang und breit über die phantastischen wissenschaftlichen Ergebnisse, die ich über die Beherrschung von Stimmungen erfahren hatte, und ihre gewaltigen Auswirkungen auf mein Leben auszulassen ... Und so entstand dieses Buch.

Hier in Kurzfassung, was Sie in »*Gut drauf in acht Minuten*« lernen werden:

In der »Ersten Minute« werde ich Ihnen einen winzigen, aber wirkungsvollen Teil Ihres Körpers vorstellen: die Thymusdrüse. Diese Drüse erscheint Ihnen vielleicht klein und unbedeutend, aber bei der Erzeugung ihrer Stimmungen spielt sie eine Hauptrolle. Wann immer es nötig ist, Ihre Laune zu verbessern, können Sie sie mit den drei einfachen Übungen, die ich skizziere, schnell und leicht stimulieren.

* Keine Pflicht unterschätzen
* wir so sehr wie die Pflicht,
* glücklich zu sein.
* *Robert Louis Stevenson,*
* *Schriftsteller*

Bei der »Zweiten und Dritten Minute« werden wir ergründen, welche Auswirkung Ihre Atmung auf Ihr Glücklichsein hat. Ob Sie es glauben oder nicht, wie Sie atmen, das spielt eine wesentliche Rolle für Ihre Stimmung. Wenn Sie richtig atmen, ist es nahezu unmöglich, unglücklich zu bleiben. Ebenso wird Trübsinn Ihr ständiger Begleiter sein, wenn Sie falsch atmen.

Ist Ihnen je aufgefallen, daß Sie sich nach einer guten Mahlzeit viel besser fühlen? Nun, das liegt daran, daß Essen und Trinken das chemische Gleichgewicht Ihres Gehirns und somit Ihre Stimmung direkt beeinflussen. Während der »Vierten Minute« kümmern wir uns darum, welchen Einfluß Essen und Trinken auf Ihr Gehirn hat. Ich werde Ihnen zeigen, wie ein Prozeß beginnt, der Ihnen das Gefühl vermitteln kann, auf Wolken zu schweben, wenn Sie einfach ein Glas Fruchtsaft trinken.

Die zweite Hälfte dieses Prozesses wird in der »Fünften und Sechsten Minute« skizziert. Dort erkläre ich, wie man die verblüffende Kraft des Verstandes nutzen kann, um sein Glücksgefühl, seine Energie und das allgemeine Wohlbefinden zu steigern. Am Ende dieses Kapitels werden Sie besser verstehen, warum Sie im Leben erreicht haben, was Sie erreicht haben, und wie Sie die Barrieren zu größerem Glück und Erfolg durchbrechen können, um das Leben zu führen, das Sie schon immer führen wollten.

Ihre Körperbewegungen tragen ebenfalls wesentlich dazu bei, wie gut oder schlecht Sie sich fühlen. In der »Siebten Minute« zeige ich Ihnen genau, welche Körperhaltungen und -bewegungen Ihre Stimmung radikal verbessern. Diese Technik allein kann, wenn sie konsequent angewandt wird, Ihre Lebensqualität auf tiefgehende Weise positiv beeinflussen.

In der »Achten Minute« beweise ich Ihnen, daß schlechte Laune oft daher rührt, worauf wir unser Augenmerk richten. Wenn Sie ständig über die negativen Aspekte Ihres Lebens brüten, ist Ihnen ein bitteres Dasein gewiß. Wenn Sie jedoch regelmäßig die beschriebenen einfachen Techniken zur Kontrolle Ihres Blickwinkels anwenden, bleibt Ihrem Verstand kaum eine andere Wahl, als glücklich zu sein. Glauben Sie mir, diese Techniken funktionieren.

Im nächsten Kapitel untersuche ich, wodurch ein Leben langfristig glücklich wird. Welche Persönlichkeitsmerkmale haben wirklich glückliche Menschen (es gibt acht), und – was noch wichtiger ist – wie kann man sie entwickeln? Ein Leben, das vor Glück überschäumt, ist kein Zufall. Ich werde Ihnen eine

Reihe von täglich durchzuführenden Übungen zeigen, die das Niveau Ihres Glücksempfindens für den Rest Ihres Lebens dramatisch steigern werden.

<blockquote>

✳   Glück ist ein Zustand, den
✳   jeder für sich vorbereiten,
✳   pflegen und verteidigen muß.
✳   *Mihalyi Csikszentmihalyi,*
✳   *Psychologe*

</blockquote>

Zum Abschluß spreche ich über die Bücher vom Glück, die mein Leben radikal verändert haben. Die Suche nach wahrem Glück ist eine lebenslange Reise, und die Bücher, die ich im letzten Kapitel vorstelle, werden Ihnen eine große Hilfe sein, wenn Sie diesen goldenen Weg entlangschreiten.

Machen Sie sich keine Sorgen, wenn Sie in der Schule Naturwissenschaften und Mathematik geschwänzt haben. Jede Technik in diesem Buch ist einfach. Sie brauchen keine Mischung aus Einstein, Pythagoras und Newton zu sein, um sie zu begreifen. Sie müssen nur bereit sein, zu lernen und die Techniken anzuwenden, ein wenig Vertrauen in sich selbst und Ihre verborgenen Fähigkeiten aufbringen und vor allem unvoreingenommen sein. Ohne Aufgeschlossenheit und die Bereitschaft, auch ungewöhnliche Vorstellungen zu akzeptieren, können keine Lernfortschritte erzielt werden.

✱ Weder Reichtum noch
✱ Ruhm, sondern Ruhe und
✱ Beschäftigung vermitteln
✱ Glück.
✱ *Thomas Jefferson,*
✱ *Staatsmann und Philosoph*

Denken Sie einmal über die Geschichte des ungestümen jungen Studenten der Zenphilosophie nach, der einen weisen alten Meister in den Bergen besuchte. Der Student bat den Meister, ihm alle Geheimnisse des Lebens, die er kannte, zu erzählen. Sobald der Lehrer wohlwollend zu reden begann, unterbrach der Student ihn. Kaum eine Minute verging, ohne daß der Jüngling mit dem Wissen das Meisters nicht einverstanden war oder es in Frage stellte.
Verärgert hörte der Meister auf zu reden und fragte den Studenten statt dessen, ob er gerne eine Tasse Tee trinken wolle. Der Student

stimmte zu. Der Meister goß Tee für seinen Besucher in eine Tasse, aber er goß weiter und weiter, bis die Tasse überfloß und der Tee sich auf den Tisch und den Fußboden ergoß. Schließlich konnte der Student es nicht länger ertragen. »Halt! Halt!« rief er. »Kannst du denn nicht sehen, daß die Tasse voll ist? Es paßt nichts mehr hinein!« »Dein Verstand ist wie die Tasse«, entgegnete der Meister. »Wie soll denn neues Wissen hineinpassen, solange du nicht all deine alten Ansichten ausleerst?« Seien Sie unvoreingenommen und genießen Sie dieses Buch. Sie brauchen nur etwa eine Stunde, um es zu lesen. Aber es könnte Ihr ganzes Leben verändern.

Erste Minute:

Stimulieren Sie Ihre Thymusdrüse

Hervorragende wissenschaftliche Untersuchungen beweisen, daß die Stimulation der Thymusdrüse zu gesteigerten Glücksgefühlen führt. Durch die Aktivierung der Thymusdrüse* verändert sich nämlich die Mischung der chemischen Stoffe im Körper so, daß das Nervensystem beruhigt und die Arbeit des Gehirns gesteigert wird. Daher überkommt Sie ein Gefühl gesteigerten Wohlbefindens.

❊ Sei dem Auf und Ab des
❊ Lebens gegenüber gleich-
❊ gültig, wenn du wirklich
❊ glücklich sein willst.
❊ *Takio Saito, Karatemeister*

Jahrelang begriffen die Ärzte nicht, welch entscheidend wichtige Rolle die Thymusdrüse in

---

* Im ganzen Körper gibt es Hunderte von Drüsen. Ihre Aufgabe ist es, entweder innerlich oder äußerlich Flüssigkeiten abzusondern. Drüsen, die im Körperinneren ein Sekret produzieren, sind als endokrine Drüsen bekannt.

unserem Körper spielt. Noch 1960 war die Funktion der Thymusdrüse gänzlich unbekannt. Einer der entscheidenden Durchbrüche wurde von dem Spezialisten Dr. John Diamond, der sich mit der Beziehung zwischen Körper und Seele befaßt, und seinem Team erzielt. Mit seinem zukunftsweisenden Werk *Der Körper lügt nicht* legt Dr. Diamond eine Studie vor, in der gezeigt wird, daß diese wirkungsvolle Drüse zu den Hauptorganen beim Heilungsprozeß einer Krankheit gehört und diesen weitgehend steuert.

Welche Wirkung die Thymusdrüse hat, erläutert Dr. Diamond anhand von Tests mit einem anderen Warmblüter — der gemeinen Ratte. Er entdeckte, daß Ratten, denen man die Thymusdrüse entfernt hat, außerstande sind, Krebszellen, die man ihnen injiziert, zu bekämpfen. Wenn man die Thymusdrüse jedoch im Nager beläßt, hat er statistisch gesehen — so fand Dr. Diamond heraus — eine viel größere Chance, die Krebszellen erfolgreich zu bekämpfen und lange gesund weiterzuleben. Viele Fachleute, wie der berühmte australische Krebsforscher und Nobelpreisträger Sir Macfarlane Burnet, glauben, eine Stimulation der Thymusdrüse führe zu einer Stärkung der

Fähigkeit des menschlichen Körpers, sich gegen Krebs zu schützen.

Warum haben wir von all dem nicht schon längst etwas gehört? Der Grund dafür ist, daß diese komplexen Ergebnisse normalerweise in medizinischen Fachzeitschriften veröffentlicht werden und nicht dort, wo sie einem breiten Publikum zugänglich sind. Über Krebs und Gesundheit werden so viele Informationen veröffentlicht, daß viel davon in dem labyrinthartigen medizinischen Forschungssystem einfach verlorengeht. Wenn Wissenschaftler und Forscher beispielsweise über die Thymusdrüse diskutieren, wollen sie entweder nicht, daß die Öffentlichkeit davon Notiz nimmt, oder sie können die Allgemeinheit nicht dazu bewegen, sie zur Kenntnis zu nehmen. Aber die Stimulation der Thymusdrüse kann wirklich entscheidende Auswirkungen auf das Glücksempfinden eines Menschen haben, wie wir noch sehen werden.

Einer der Hauptgründe, warum sich die Thymusdrüse so positiv auf unser Wohlbefinden auswirkt, ist die Tatsache, daß sie T-Zellen produziert. Was ist besonders an T-Zellen? Also, jeder Arzt, der die beiden Buchstaben vor seinem Namen verdient, kann Ihnen sagen, daß T-Zellen ein Polizeisonderkommando des Körpers sind. Stets auf Streife, suchen sie nach abnormen Zellen – Zellen, die dem Körper Schaden zufügen können. Sobald die T-Zellen eine Gefahr ausgemacht haben, spielen sie den Terminator und zerstören die feindliche Zelle rasch. Daher verdanken Sie den kleinen Ts, die in Ihrem Körper umherwandern, wirklich viel.

* Rede über das Glück. Die Welt
* ist traurig genug ohne deine
* Klagen. Kein Weg ist nur
* beschwerlich.
*   *Ella Wheeler Wilcox,*
*   *Dichterin und Journalistin*

Sie meinen, wenn die Thymusdrüse so wichtig ist, soll ich Ihnen doch sagen, wo sie liegt. Sie ist nicht so schwierig zu finden. Suchen Sie einfach direkt unterhalb des oberen Teils des Brustbeins mitten auf Ihrer Brust (siehe Abb. S. 31).
Wie können Sie Ihre Thymusdrüse stimulieren? Dazu gibt es drei einfache Methoden.

Die erste Möglichkeit, den Thymus zu stimulieren, ist, zu lächeln! Genau, einfach lächeln.
Denn jedesmal, wenn Sie lächeln, wird Ihre
Thymusdrüse aktiviert. Jedesmal, wenn sie
aktiviert wird, schüttet sie eine kleine Menge
chemischer Substanzen in Ihren Körper aus,
die bewirken, daß Sie sich besser fühlen. Unglaublich, aber wahr.

* Glück ist ein Parfüm. Du
* kannst es nicht anderen
* geben, ohne selbst ein paar
* Tropfen abzubekommen.
*   *Anonymus*

Die Tatsache, daß durch ein einfaches Lächeln ein glückliches Gefühl im Körper erzeugt wird, ist außerordentlich gut dokumentiert worden in einer Studie, die 1993 unter der Führung von Dr. Paul Ekman an der University of California durchgeführt wurde. In der Untersuchung wurde festgestellt, daß Lächeln den Thymus und ebenso Muskeln, die mit verschiedenen Lustzentren im menschlichen Gehirn verbunden sind, aktiviert und so den Effekt »spontaner Freude« hervorruft. Das Interessante ist, daß nicht irgendein Lächeln im Lustzentrum eine Reaktion auslöst. Nur eine Art von Lächeln schafft das, das als das Duchenne-Lächeln bekannt ist, so benannt nach dem Neurologen aus dem neunzehnten Jahrhundert, der als erster die Gesichtsmuskulatur erforschte.

Dr. Ekman: »Die ausschlaggebenden Kennzeichen, die das Duchenne-Lächeln exakt von allen anderen Lächeln unterscheiden, sind

die Krähenfüße um die Augen und ein gering-
fügiges Absinken der Lidfalte, so daß sich die
Haut um das Auge leicht auf den Augapfel zu
bewegt.« Mit anderen Worten: Ein halbherzi-
ges Grinsen bringt nicht viel, wenn Sie Ihre
Stimmung verbessern wollen. Es muß schon
ein breites, offenes, aufrichtiges Lächeln sein,
das von Herzen kommt.

✻ Das Glück, das ein Mensch in
✻ seinem Leben empfindet, liegt
✻ nicht in der Abwesenheit,
✻ sondern in der Meisterung
✻ seiner Leidenschaften.
✻ *Alfred Lord Tennyson,*
✻ *Dichter*

Der nächste Schritt, die Thymusdrüse anzuregen, ist, sie von Hand zu stimulieren. Tun
Sie das einfach, indem Sie zwei Finger auf die
Drüse (s. Abb. S. 31) legen und etwa zwanzig-
mal darauf klopfen. Lächeln Sie dabei die
ganze Zeit.
Der abschließende, leichte Schritt, um den
Thymus anzuregen, bezieht Ihre Zunge mit
ein. Alles, was Sie tun müssen, ist, Ihre Zunge
hinter die oberen Zähne an den Gaumen zu

legen. Am Anfang fühlt sich das vielleicht ein bißchen komisch an, aber Dr. Diamond und sein Forschungsteam haben herausgefunden, daß die zwei Gehirnhälften ausgeglichener werden und Sie so besser denken können und sich besser fühlen, wenn Sie einfach Ihre Zunge in diese Mittelstellung bringen. (Diamond ist der erste Wissenschaftler aus der westlichen Welt, der die Vorzüge, die Zunge in diese Mittelposition zu bringen, erkannt hat, aber bereits um 1000 v. Chr. praktizierten chinesische Experten für Qi-Gong-Meditation diese Technik.)

Tatsächlich ist es eine gute Idee, die Zunge den ganzen Tag über, wann immer es Ihnen einfällt, in diese Position zu bringen. Am Anfang ist es vielleicht ein seltsames Gefühl, aber Sie werden freudig überrascht sein, welche beschwichtigende Wirkung diese Stellung, die Ihre Gehirnhälften ins Gleichgewicht bringt, auf Ihre Stimmung hat.

✳ Glück ist Talent für das
✳ Schicksal.

✳ *Novalis,*
✳ *Dichter*

Aber jetzt wollen wir diese Ideen einmal ausprobieren. Setzen Sie sich bequem irgendwo-
hin, wo Sie Ruhe haben und nicht abgelenkt
werden. Entspannen Sie Ihre Muskulatur und
lächeln Sie. Lächeln Sie, als seien Sie der
glücklichste Mensch auf der Welt. Lächeln
Sie, als würde nichts auf der Welt Ihnen Sorgen bereiten. In dem Augenblick, in dem Sie
das tun, wird Ihre Thymusdrüse zu arbeiten
beginnen und Ihren Körper auf eine sehr positive Weise stimulieren. Klopfen Sie zwan-
zigmal auf den Thymus und halten Sie Ihre
Zunge mindestens eine Minute lang in der
Mittelstellung.

> ✽ Oh, Glück! Des Menschen
> ✽ Wunsch und Ziel! Zufrieden-
> ✽ heit, Vergnügen, Leichtigkeit,
> ✽ deiner sind der Namen viel.
> ✽ Und auch das, was uns den
> ✽ ew'gen Seufzer entlockt, für
> ✽ das wir zu leben ertragen und
> ✽ zu sterben wagen.
> ✽ *Alexander Pope, Dichter*

Übrigens, während Sie lächeln, sollten Sie
immer Ihre Augen entspannen, da sie eine

entscheidenen Rolle für Ihre Stimmungen spielen. Jedes Auge ist mit dem metonymischen Nervensystem verbunden, das Organe und Drüsen Ihres Körpers auf entscheidende Weise reguliert. Wenn Ihnen etwas widerfährt, empfangen normalerweise zuerst die Augen die Signale, die veranlassen, daß die Körperorgane und -drüsen als Reaktion darauf ihre Funktion verändern. Wenn Sie also lächeln, entspannen Sie einfach Ihre Augen, und Ihr ganzer Körper wird sich ebenfalls entspannen.

Erwarten Sie bitte nicht von Ihrem Körper, daß er in einen euphorischen Glückszustand verfällt, sobald Sie wie ein Honigkuchenpferd grinsen. So funktioniert das nicht. Aber Sie müssen wissen, daß sich die chemische Struktur Ihres Körpers positiv verändert und sanfte, ganz natürliche Beruhigungsmittel ihn durchströmen, die allmählich Ihre Stimmung aufhellen, wenn Sie lächeln und so Ihren Thymus stimulieren.

Soweit sind wir schon, dabei haben wir erst die »Erste Minute« hinter uns. Und weiter geht's!

Zweite und Dritte Minute:

Verändern Sie Ihre Atmung

Wer könnte die Bedeutung des Atmens für unser Leben leugnen? Wir können wochenlang ohne Essen überleben, tagelang ohne Wasser, aber nur wenige Minuten, ohne zu atmen. (Und das wären einige sehr unangenehme Minuten!)

Ohne Atem sind wir nichts, aber wie viele von uns denken tatsächlich über die Atmung nach? Herzlich wenige. Wissenschaftler wissen jedoch, daß eine Verbesserung der Atmung zur Verbesserung der Gesundheit führt. Und so funktioniert das:

Jeder weiß, daß Blut durch unseren Körper fließt, aber den meisten von uns ist nicht klar, daß es noch eine andere Flüssigkeit gibt, die ebenfalls durch unser System kreist. Tatsächlich gibt es von diesem Zeug viermal so viel wie von unserem Blut.

* Glück ist der köstliche
* Augenblick am Abend, wenn
* du dein Korsett ablegst.
* *Joyce Grenfell,*
* *Schauspielerin*

Ärzte nennen diese Substanz Lymphe*. Lymphflüssigkeit umgibt jede Zelle Ihres Körpers, und davon besitzen Sie Milliarden. Die Lymphe ist der Hausmeister des Körpers. Sie sorgt dafür, daß der ganze Dreck – alles Giftige und Tote (z. B. abgestorbene Blutzellen), das in unserem Körper während des alltäglichen Lebens anfällt – entfernt wird. Eine gesunde Lymphe ist absolut wesentlich für einen gesunden Körper. Sonst würden sich Giftstoffe im Körper anreichern, und bald hieße es dann: »Ade, du schöne Welt!«

Jeder weiß, wie Blut zirkuliert; das Herz pumpt es durch den Körper. Aber wie zirkuliert Lymphflüssigkeit? Es gibt nur zwei Möglichkeiten: Muskelbewegungen (daher ist Sport so wichtig) und tiefes Atmen. Ohne tiefes, starkes Atmen kann Ihr Immunsystem geschwächt werden. Tiefes Atmen massiert auch die inneren Organe und Drüsen und stimuliert die Hormonproduktion.

Die Atmung beeinflußt aber nicht nur Ihre körperliche Gesundheit; auch auf Ihre Stim-

---

* Lymphe ist eine farblose Flüssigkeit, die aus dem Blut abgesondert wird und durch das Lymphsystem des Körpers zirkuliert.

mung hat sie dramatische Auswirkungen. Denken Sie einmal darüber nach. Was geschieht, wenn Sie einen Horrorfilm sehen und sich fürchten? Ihre Atmung wird langsam und flach. Wahrscheinlich sind Sie so sehr damit beschäftigt, sich vor dem einäugigen grünen Monster aus der Schwarzen Lagune zu gruseln, daß Sie gar nicht bemerken, wie sich Ihre Atmung verändert, aber das ist der Fall. Wenn Sie freudig erregt sind, verändert sich Ihre Atmung ebenfalls ein wenig. Die Atemzüge sind kürzer, aber etwas tiefer, und Sie nehmen mehr Sauerstoff auf.

Wenn Sie ruhig, glücklich und zufrieden sind, ist Ihre Atmung wiederum anders. Achten Sie das nächste Mal darauf, und Sie werden feststellen, daß Ihre Atemzüge lang, tief und regelmäßig wie ein Uhrwerk sind. Diese Art von Atmung ist optimal.

* Gott hat uns zum
* Glücklichsein geschaffen,
* aber er hat uns auch die Wahl
* gelassen, es nicht zu sein.
* *Anders Rive,*
* *Bildhauer*

Und das funktioniert auch umgekehrt. *Wenn Ihre Stimmungen Ihre Atmung beeinflussen, dann ist es nur logisch, daß umgekehrt Ihre Atmung Ihre Laune verändert.*

Es ist eine wissenschaftlich bewiesene Tatsache: Wenn Du Deine Atmung veränderst, veränderst Du Deine Stimmung. Ein auf das Gehirn spezialisierter Physiologe wird Ihnen sagen, daß das stimmt. Ebenso ein Yogi*. In über dreitausend Jahren des Studiums und der Übung sind die indischen und chinesischen Yogis Experten darin geworden, welche Auswirkungen die Atmung auf Verstand und Gemüt hat.

Einer der bedeutendsten lebenden indischen Yogi, B. K. S. Iyengar, meinte zu diesem Thema: »Das Leben eines Yogi wird nicht an der Zahl seiner Tage, sondern an der Zahl seiner Atemzüge gemessen. Deshalb atmet er langsam, tief, gleichmäßig und rhythmisch. Dieses

---

* Ein Yogi ist ein Mensch, der sein Leben den höheren Aspekten von Geist und Körper widmet. Es gibt eine Vielfalt verschiedener Yogarichtungen vom Hatha, das hauptsächlich aus Körperübungen besteht, bis zum Raja, das spiritueller Natur ist. Sie denken bei Yogis vielleicht an »diese Typen, die frei schweben und auf Nagelbetten schlafen«.

rhythmische Muster stärkt die Atmungsorgane, beruhigt das Nervensystem und vermindert heftiges Verlangen.«

Sie glauben vielleicht, die Vorstellung, unser Leben basiere auf der Anzahl unserer Atemzüge, sei verrückt, aber es gibt Beweise, die dies bekräftigen. Zum Beispiel atmen alle Tiere, die für ein langes Leben berühmt sind – wie Elefant, Schildkröte oder Schlange –, sehr langsam. Die Riesenschildkröte, die bekanntermaßen über dreihundert Jahre alt werden kann, atmet nur viermal in der Minute.

Bereits im siebzehnten Jahrhundert gab es Leute, die begriffen, wie die Atmung die Stimmungen der Menschen verändert. Etwa um diese Zeit schrieb der legendäre Mystiker Karila folgendes:

»Wenn Du einen ruhigen Geist haben möchtest, reguliere zuerst deine Atmung. Denn wenn diese unter Kontrolle ist, hat das Herz seinen Frieden. Aber wenn man krampfartig atmet, ist es beunruhigt. Daher sollte man, bevor man irgend etwas anderes versucht, zunächst seine Atmung regulieren, und der Geist wird von ganz allein ruhig.«

* Menschen zu finden, die mit
* uns fühlen und empfinden,
* ist wohl das schönste
* Glück auf Erden.
* *Carl Spitteler, Schriftsteller*

Eine Veränderung der Atmung kann Ihre Stimmung ganz außerordentlich verbessern. Das Problem ist, daß kaum jemand richtig atmet. Viele Menschen nutzen nur ein Drittel ihrer Lungen beim Atmen. Das Entscheidende ist, nicht nur die Brust, sondern auch das Zwerchfell zu benutzen. So zu atmen mag Ihnen unnatürlich erscheinen, aber so sollten wir eigentlich atmen. Schauen Sie sich einmal einen schlafenden Hund oder eine schlafende Katze an. Sie atmen tief aus dem Bauch heraus, nicht mit flachen Atemzügen der Brust. Überprüfen Sie einmal, wie andere Tiere atmen, wenn Sie das nächste Mal in den Zoo gehen. Sie werden feststellen, daß alle Lebewesen aus dem Bauch heraus atmen. Nur wir Menschen sind wegen einer Mischung aus Unwissenheit und Faulheit zu »Brustatmern« geworden.

Wenn Sie nur mit der Brust atmen, müssen Sie etwa dreimal so viele Atemzüge machen, um dieselbe Menge Luft zu bekommen wie mit einem tiefen Atemzug aus dem Bauch heraus. Stellen Sie sich einmal vor, welchen Unterschied eine solche Atmung ein Leben lang für Ihre Gesundheit bedeuten kann, wenn jeder Atemzug aus dem Bauch heraus Sie mit dreimal soviel Sauerstoff versorgt.

Sitzen Sie nicht einfach so da. Warum machen Sie nicht ein paar korrekte tiefe Atemzüge und beobachten, wie das Ihre Stimmung beeinflußt?

Hier ist eine einfache Anleitung für korrektes Atmen.

Machen Sie es sich zunächst bequem und entspannen Sie sich. Holen Sie dann tief Luft. Füllen Sie zuerst die Lungenspitzen, statt einfach nur die Brust. Sie erreichen das, indem Sie sanft den Bauch vorstrecken, während Sie durch die Nase einatmen. Atmen Sie weiter ein, sobald Sie die untere Hälfte Ihrer Lungen gefüllt haben, und füllen Sie auch die obere Hälfte in Brusthöhe. Sorgen Sie dafür, daß Sie beide Teile Ihrer Lungen in einem geschmeidigen Atemzug füllen. Halten Sie für einige Sekunden den Atem an. Atmen Sie dann ruhig und entspannt durch Nase oder Mund in einem Zug aus. Nehmen Sie nicht soviel Luft auf, daß Sie das Gefühl haben, zu platzen.

> * Glück liegt in guter
> * Gesundheit und schlechten
> * Erinnerungen.
> * *Ingrid Bergman,*
> * *Schauspielerin*

Tun Sie dies zwei Minuten lang mit geschlossenen Augen, während Sie das sanfte Lächeln aus Schritt eins beibehalten. Atmen Sie, als seien Sie überglücklich. Na los, versuchen Sie es jetzt ... Wie fühlen Sie sich? Ich weiß, daß Sie begonnen haben, sich glücklicher zu fühlen. Die tiefen Atemzüge erfrischen Ihren Organismus und verlangsamen die Geschwindigkeit Ihrer Gedanken. Sie beginnen, klarer zu denken, da Ihr Verstand durch den erhöhten Sauerstoffgehalt positiv beeinflußt wird. Den zweiten Schritt zur Veränderung Ihrer Stimmung haben Sie jetzt hinter sich und die wirkungsvollsten Schritte noch vor sich.

Vierte Minute: Trinken Sie Fruchtsaft

Jetzt schalten wir einen Gang höher. Wir werden drastisch verändern, wie Sie sich innerlich fühlen, und das tun wir in nur einigen wenigen Minuten – nicht mit Hilfe eines komplizierten wissenschaftlichen Dingsbums, sondern mit einem schlichten Glas Fruchtsaft. Jawohl, Fruchtsaft.

Kennen Sie jemanden, der immer mies gelaunt ist? Der stets mit dem falschen Bein aus dem Bett gestiegen zu sein scheint? Seien Sie nicht zu hart mit solchen Leuten. Möglicherweise liegt es nicht an ihrer Persönlichkeit, sondern an ihrer Ernährung.

Was man ißt, beeinflußt die Stimmung dramatisch. Wenn Sie Nahrungsmittel mit geringem Nährwert und hohem Fettanteil verzehren, fordern Sie einen Mangel an Energie und schlechte Laune geradezu heraus. Energiemangel beweist Ihnen, daß Ihr Gehirn mit Brennstoff unterversorgt ist, was wiederum zu verminderter Denkfähigkeit führt. Deshalb müssen Menschen des »Typ A«, die sich von Fast food ernähren und das Frühstück auslassen, um Zeit zu sparen, nach einigen Jahren feststellen, daß sie ausgebrannt sind. Ihr Verstand arbeitet nicht länger schnell und wirkungsvoll, und sie können sich nicht mehr für längere Zeit konzentrieren.

* Das Bewußtsein eines wohl-
* verbrachten Lebens und die
* Erinnerung vieler guter Taten
* sind das größte Glück auf
* Erden.

*   *Cicero, Philosoph*

Ihre Nahrungsaufnahme beeinflußt natürlich nicht nur Ihre geistigen Fähigkeiten, sie hat auch tiefgreifende Wirkung auf Ihr körperliches Wohlbefinden. Untersuchungen in einer Anzahl amerikanischer Gefängnisse haben gezeigt, daß die Gewälttätigkeit innerhalb des Gefängnisses in signifikanter Weise sinkt, wenn die Insassen mehr Salat und weniger Junk food essen. (Es ist kein Zufall, daß die meisten Schwerverbrecher nicht mit gesunder Ernährung aufgewachsen sind.)
Buddhistische Mönche sind fast immer Vegetarier. Ihre Forschung hat bewiesen, daß sie ruhigere Empfindungen haben und daß es der Meditation förderlich ist, wenn sie kein Fleisch essen.

Westliche Ernährungsexperten sind zu ähnlichen Schlüssen gelangt, und selbst dem Laien erscheint dies sinnvoll. Genau wie die Qualität des Benzins die Leistung eines Autos beeinflußt, so wird auch unser Vehikel, der Körper, durch den schlechten Brennstoff, den wir in uns hineinfüllen, beeinträchtigt. Können Sie sich vorstellen, daß billiges Benzin für einen Formel-Eins-Rennwagen verwendet wird? Wohl kaum. Die Mechaniker wissen genau, daß ohne erstklassiges Benzin eine Höchstleistung einfach unmöglich ist.

Es gibt Nahrungsmittel, die Sie mit Energie versorgen, und andere, die Energie aufzehren. Manche sind gut für den Verstand, andere gut für die Seele. Viele sind zu gar nichts gut. Millionen von Büchern sind über Ernährung geschrieben worden (viele vertreten völlig gegensätzliche Ansichten), aber zwei davon sollten Sie sich dringend anschauen: *Die heilende Kraft* von Deepak Chopra und *Ernährung für ein neues Jahrtausend* von John Robbins. Chopras Buch vermittelt Ihnen, wie Sie Ihre Ernährung den Bedürfnissen Ihres Körpes anpassen können, während Robbins Ihnen die harte Wahrheit darüber sagt, was wirklich in Ihrer Nahrung ist.

* Die glücklichsten Frauen
* haben ebenso wie die
* glücklichsten Nationen keine
* Geschichte.

* *George Eliot, Schriftstellerin*

Ich habe nicht die Absicht, mich mit allen Variablen der Ernährung zu beschäftigen, aber ich möchte mir einen Moment Zeit nehmen, um den Zusammenhang zwischen Fruchtsaft und dem Gehirn aufzuzeigen. Die aufputschende Wirkung durch den Genuß reinen (und ich betone reinen) Fruchtsafts ist auf den raschen Anstieg des Blutzuckerspiegels zurückzuführen. Fruchtsaft* ist voll von einer Art Zucker, die man Glukose nennt. Was ist

---

* Fruchtsaft ist reich an Nährstoffen. Er hat viele Ballaststoffe und ist voller Antioxidantien (Nährstoffe, die erwiesenermaßen den Alterungsprozeß verlangsamen). Seien Sie vorsichtig, welchen Saft Sie kaufen. Viele sogenannte Fruchtsaftgetränke und Fruchtnektare enthalten weniger als 20 Prozent reinen Fruchtsaft, der Rest ist normalerweise Wasser und Zucker. Frisch ist er am besten. Eine weitverbreitete Theorie der Naturheilkunde besagt sogar, daß frischgepreßter Fruchtsaft, der mehr als ein paar Stunden alt ist, viel von seiner Lebenskraft und von seinen Nährstoffen verloren hat.

an Glukose besonders? Sie ist der Haupt-
brennstoff, den das Gehirn verbrennt, um
Energie zu gewinnen. Wenn Sie viel Glukose
zu sich nehmen, birst Ihr Gehirn förmlich vor
Tatendrang, und das führt dazu, daß Sie sich
wesentlich besser fühlen als zuvor.

Könnte man dann nicht einfach irgend etwas
Süßes zu sich nehmen? Warum muß es Saft
sein? Nun, die meisten süßen Nahrungsmittel
steigern Ihre Energie, aber oft benötigen sie
dafür viel mehr Zeit. Weil Fruchtsäfte säure-
haltig sind, passieren sie sehr rasch den Ma-
gen und gelangen gebrauchsfertig in den
Dünndarm.
Viele Süßigkeiten sind absolut schlecht für
die Gesundheit. Manche von ihnen sind einfach eine Anzahl chemischer Substanzen in
knallbunter Verpackung. (Ich glaube sogar,
daß die Menschen der Zukunft auf unsere Zeit
zurückblicken und kaum glauben werden,
daß einige Dinge, die wir aßen, überhaupt
legal waren.) Reiner frischer Fruchtsaft ist
jedoch ausgezeichnet für Ihre Gesundheit.
Jetzt zu den schlechten Nachrichten.
Unglücklicherweise hält der hohe Zucker-
spiegel nicht ewig an. Nachdem man etwa

eine halbe Stunde lang ein Hoch hatte, wird der Effekt langsam nachlassen, und nach anderthalb Stunden ist es tatsächlich so, als hätten Sie ihn nie getrunken.

Welchen Zweck hat es also, den Saft zu trinken, wenn der Effekt so schnell danach wieder nachläßt? Alles hängt davon ab, was Sie in der halben Stunde Ihres »Hochs« machen. Und glauben Sie mir, Sie werden viel tun.

✻ Nur das Glück
✻ kann uns jung erhalten.
✻   *Maga, Philosoph*

Denken Sie an ein Segelflugzeug, das hoch durch die Lüfte gleitet. Es gibt nur eine Möglichkeit, den Segelflieger so hoch hinauf zu bekommen. Ein Flugzeug schleppt es an, das Abschleppseil wird gelöst, und aufwärts geht es.

Stellen Sie sich vor, Sie seien der Segelflieger und der Fruchtsaft das Flugzeug, das Sie hinaufzieht. Aber wie fliegen Sie weiter? Sie bleiben oben, wenn Sie dafür sorgen, daß Sie, während Sie unter dem wohltuenden Einfluß des Fruchtsaftes stehen, Ihr Denken verändern. Während Sie sich vorübergehend wohl fühlen, können Sie damit beginnen, Ihr Denken positiver und leistungsfähiger zu gestalten. Wenn dann die Wirkung des Saftes nachläßt, haben Sie Ihre schlechte Stimmung abgelegt und sind guter Laune.

Wenn Sie sich wirklich miserabel fühlen, brauchen Sie die Hilfe kraftvoller mentaler Stimulantien, um sich selbst in gute Laune zu versetzen. Sie sind wie ein Segelflieger, der ein Flugzeug braucht, um in den blauen Himmel hinauf zu gelangen. Wie Sie gleich erfahren werden, hat die Wissenschaft einige großartige Möglichkeiten entdeckt, Sie rasch in gute Laune zu versetzen, sobald Sie Ihren Fruchtsaft getrunken haben.

Wenn Sie die folgenden Methoden lernen, ändert das nicht nur Ihre Stimmung, sondern Sie können fast jeden Aspekt Ihres Lebens, der Sie unglücklich macht, verändern.

Fünfte und Sechste Minute:

Programmieren Sie Ihr Gehirn neu

In den Vereinigten Staaten lebt ein Mann namens Seymour Cray.

Cray ist der Schöpfer eines der leistungsfähigsten Computer der Welt, des Cray-Supercomputers. Wenn der Cray-Supercomputer auf Hochtouren arbeitet, kann er über vierhundert Millionen Rechenoperationen in der Minute durchführen. *In der Minute*!

Wenn der Cray-Supercomputer *hundert Jahre* lang auf Hochtouren arbeitet, leistet er nur das, was Ihr Gehirn in *einer Minute* vollbringt. Sie sind im Besitz des leistungsstärksten Computers der Welt. Er befindet sich in Ihrem Kopf! Unglaublicherweise benutzen Sie ihn jedoch kaum. Laut dem renommierten Gehirnforscher Tony Buzan verweist die jüngste Forschung darauf, daß wir nur etwa ein Prozent unserer Gehirnkapazität nutzen. Peinlich, aber wahr.

✳ Suche Glück in der Gegen-
✳ wart, und du wirst es in der
✳ Zukunft finden.
✳   *Kazuo Suzuki, Karatemeister*

Können Sie sich vorstellen, wir würden solch ein Versagen auf anderen Gebieten unseres Lebens akzeptieren? Wenn Chirurgen nur in einem Prozent aller Fälle alles richtig machten, gäbe es bestimmt eine Menge unglücklicher Menschen. Und was, wenn Architekten nur ein Prozent der Häuser richtig planten? Wir würden vierundzwanzig Stunden am Tag mit Sturzhelmen herumlaufen! Nein, ein solches Niveau würden wir in keinem anderen Bereich unseres Lebens hinnehmen. Bei unserem eigenen Gehirn jedoch, *dem Schöpfer unserer gesamten Zukunft*, finden wir uns mit einer abgrundtief schlechten Leistung ab.

Die gute Nachricht ist, daß ich Ihnen auf den folgenden Seiten zeigen werde, wie Sie die Leistungsfähigkeit Ihres Gehirns besser ausnutzen können.

* Das schönste Glück
* des denkenden Menschen ist,
* das Erforschliche erforscht
* zu haben, und das
* Unerforschliche ruhig zu
* verehren.
* *J. W. von Goethe,*
* *Dichter*

Als erstes müssen wir uns ein wenig damit vertraut machen, wie die kleinen grauen Zellen eigentlich arbeiten.

Einfach gesagt ist Ihr Gehirn in zwei Bereiche geteilt: das Unterbewußtsein und das Bewußtsein. Das Bewußtsein ist für das rationale Denken zuständig (etwa zu entscheiden, ob Sie noch einen Berliner essen sollen oder zu überlegen, wie Sie am schnellsten zu Karls Haus gelangen). Diesen Teil des Gehirns kennen die meisten von uns.

Was die meisten von uns *nicht* wissen, ist, daß das Unterbewußtsein den überwiegenden Anteil – tatsächlich *88 Prozent* – unseres Gehirns einnimmt. Mein Gott, was für ein unglaubliches Instrument das ist. Beispielweise Ihr Herzschlag, Ihre Verdauung, jeder der Millionen physikalischer Prozesse, die jede Sekunde in Ihrem Körper ablaufen, werden vom Unterbewußtsein überwacht.

Sie müssen nicht einmal daran denken: Ihr Unterbewußtsein regelt das alles.

Aber Ihr Unterbewußtsein steuert nicht nur Ihren Körper; es ist auch das Kraftwerk Ihres Verstandes. Was Sie sind und wo Sie im Leben stehen, das ist ein Ergebnis Ihres Unterbewußtseins.

Das Unterbewußtsein funktioniert wie ein riesiger Schwamm, der Erinnerungen aufsaugt. Alles, was jemals in Ihrem Leben geschehen ist, wird von ihm minutiös gespeichert. (Die Tatsache, daß Sie sich nicht an alles erinnern, spielt dabei keine Rolle.) Das ist wirklich verblüffend.

Aber noch verblüffender ist, was Neurologen entdeckt haben, daß das Unterbewußtsein über keinen Mechanismus verfügt, um Reales und Unwirkliches zu unterscheiden. Statt dessen akzeptiert es alle Informationen, die Sie ihm geben, als richtig!

Darüber wollen wir mal einen Moment nachdenken. Wenn das Gehirn alle Handlungen und Gedanken kontrolliert, wenn das Unterbewußte 88 Prozent des Gehirns ausmacht und wenn das Unterbewußtsein keinen Unterschied erkennt zwischen wirklich und irreal, sondern nur aufgrund der Informationen arbeitet, die Sie ihm geben, dann kann das nur eines bedeuten:

Sie können Ihr Gehirn so programmieren, daß Sie tun und fühlen können, was immer Sie wollen.

Hier ein Beispiel dafür, daß diese Theorie wissenschaftlich bewiesen ist. Vor einigen

Jahren berichtete die wissenschaftliche Zeitschrift *Research Quarterly,* daß ein Team von Wissenschaftlern drei Gruppen von Studenten Basketballwürfe hatte üben lassen. Die erste Gruppe sollte drei Wochen lang trainieren, den Ball aus einer vorgegebenen Entfernung durch den Reifen zu werfen. Die zweite Gruppe sollte überhaupt nicht üben, und die dritte sollte nur mental üben, sich lediglich *vorstellen*, sie würden den Ball wieder und wieder durch den Reifen werfen.

Die Ergebnisse waren verblüffend. Die erste Gruppe, die körperlich trainiert hatte, verbesserte ihre Leistungen nach den zwanzig Tagen um 24 Prozent. Nicht schlecht. Die zweite Gruppe, die überhaupt nicht geübt hatte, zeigte keinerlei Verbesserung, was niemanden überraschte. Aber die Mitglieder der dritten Gruppe, die nur mental trainiert hatten, verbesserten sich um *23 Prozent*! Sie verbesserten sich fast so sehr wie die erste Gruppe, *ohne auch nur einen Ball anzurühren.*

Warum? Weil sie ihrem Unterbewußtsein mitteilten, sie seien großartige Basketballspieler! Das Unterbewußtsein konnte nicht erkennen, daß sie sich nur vorstellten, gut zu spielen — es dachte, sie spielten wirklich! Nach einer

Weile »lernte« das Gehirn, daß die Studenten tolle Basketballspieler waren, und wies ihre Körper an, weiter auf diesem Niveau zu spielen.

    ✻   In etwas Vollständigem und
    ✻   Großartigem aufzugehen,
    ✻   das ist Glück.
    ✻   *Willa Cather,*
    ✻   *Schriftstellerin*

Dr. John C. Eccles und Sir Charles Sherrinton, die bedeutenden Gehirnphysiologen, formulierten das folgendermaßen: »Wenn man etwas lernt, bildet eine Gruppe von Neuronen eine Kette im Gehirngewebe. Diese Kette oder dieses elektrische Muster ist die Art und Weise, wie das Gehirn sich erinnert. Da das Unterbewußte reale und irreale Erfahrungen nicht voneinander unterscheiden kann, können durch mentale Übung unvollkommene elektrische Muster, die sich dort eingekerbt hatten, verändert oder korrigiert werden.«
Als Folge dieser und anderer Forschungsergebnisse gibt es jetzt kein Olympiateam mehr, das nicht endlose Stunden mit mentalem Training des Unterbewußtseins verbringt. In eini-

gen Fällen verbringen Athleten kurz vor dem Wettkampf volle 50 Prozent ihrer Trainingszeit damit, diesen im Geiste zu üben.

✻   Im Leben verdankt man viel
✻   Glück und Unglück nur dem
✻   Zufall; aber der innere Friede
✻   hängt nie vom Zufall ab.
✻   *Maurice Maeterlinck,*
✻   *Schriftsteller*

Das mentale Umprogrammieren funktioniert – gleichgültig, ob Sie ein wichtiges Ziel erreichen oder nur Ihre traurige Stimmung in eine glückliche verwandeln wollen. Es ist einfach, Ihr Gehirn dazu zu bringen, Ihre Laune zu verbessern. Wie das funktioniert, werde ich Ihnen jetzt zeigen. Entspannen Sie sich wieder. Lächeln Sie weiter, atmen Sie tief und vertrauen Sie darauf, daß der Fruchtsaft, den Sie getrunken haben, bereits Ihre Stimmung hebt.
Schließen Sie die Augen.
Jetzt stellen Sie sich vor, Sie seien im Kino, aber diesmal befindet sich die Leinwand in Ihrem Kopf. Halten Sie Ihre Augen geschlossen und stellen Sie sich vor, Sie seien auf der

Leinwand. Sie sind so glücklich, wie Sie immer sein wollten. Überglücklich springen Sie vor Freude umher, lächeln, lachen und spielen. Beobachten Sie sich, wie Sie vollkommen sorglos, frei wie ein Vogel und freudetrunken sind.

Konzentrieren Sie sich darauf, daß sich dieses Bild vor Ihrem inneren Auge wie eine Realität anfühlt. Stellen Sie das Bild so scharf und so groß ein wie möglich. Der Film, der abläuft, sollte wunderschön, voller Farben und Klänge sein. (Vielleicht macht es Ihnen Spaß, sich vorzustellen, Ihr Lieblingslied liefe im Hintergrund, um in Stimmung zu kommen.) Wenn das Bild so glücklich ist, wie Sie es haben wollen, stellen Sie es sich mindestens zwei Minuten lang vor. Ganz wesentlich ist, daß Sie das mit soviel Hingabe, Überzeugung und Intensität wie möglich tun.

Das ist schon alles. Mehr ist nicht nötig, um dem Unterbewußtsein neue Anweisungen zu geben. Die beiden Knackpunkte sind, wirklich aus tiefstem Herzen zu empfinden, daß das Bild auf der Leinwand real ist, und sich dieses Bild wieder und wieder vorzustellen. Wenn Sie das einige Minuten *intensiv* betreiben, wird Ihr Gehirn Sie anweisen, Ihren Vorstellungen zu folgen, und Sie werden sich bald glücklicher, stärker und unbeschwerter fühlen. Benutzen Sie diese Technik, wann immer Sie niedergeschlagen sind. Je häufiger Sie sie anwenden, desto stärker wird Ihre Vorstellungskraft.

* Der Mensch ist der Urheber
* seines eigenen Glücks.
* *Henry David Thoreau,*
* *Schriftsteller*

Vergessen Sie nicht, daß Ihr Gehirn nur ein Computer ist. Sie fühlen sich niedergeschlagen, weil Sie Ihr Gehirn angewiesen haben, sich niedergeschlagen zu fühlen. Es war nicht notwendigerweise ein schlimmer Vorfall oder ein übler Zeitgenosse, der Sie unglücklich gemacht hat, sondern die Art, wie Sie Ihr Gehirn angewiesen haben, auf diesen Vorfall oder diesen Menschen zu reagieren. Stellen wir uns zum Beispiel einmal vor, daß zwei Jugendliche nicht länger in der Schulbasketballmannschaft mitspielen dürfen. Die eine heult eine Woche lang, weil sie so schrecklich gerne Basketball spielt. Die andere freut sich, weil sie jetzt die Samstage mit ihrem Freund verbringen kann. War es also schlimm oder nicht, aus der Mannschaft zu fliegen? Weder – noch. Alles hängt davon ab, wie wir ein Ereignis interpretieren, nicht von dem Ereignis selbst.

So ist es in fast jedem Bereich des Lebens. Wir kontrollieren unsere Wirklichkeit. Unser Glück oder Unglück hängt davon ab, was wir unserem Gehirn mitteilen. Vergessen Sie das nie. Sobald Sie das einmal begriffen haben, können Sie Ihr Leben umgestalten. Waren Sie bisher nur eine Marionette Ihrer Lebensumstände und fühlten sich wohl, wenn alles gut lief, und niedergeschlagen, wenn es schlecht lief, können Sie jetzt einfach wählen, wie Sie sich fühlen wollen. Wenn Sie einen Rückschlag erleiden, müssen Sie nicht unglücklich sein, weil Sie umprogrammieren können, wie Sie sich fühlen wollen. Schließen Sie die Augen und stellen Sie sich etwas Schönes vor. Programmieren Sie sich, trotz des Rückschlages glücklich zu sein. Wie Sie sich fühlen, liegt an *Ihnen*!

Übernehmen Sie jetzt die Kontrolle, indem Sie sich vorstellen, Sie seien stark, voller Energie und glücklich. Versprechen Sie sich, nie wieder zuzulassen, daß Ihre Lebensumstände Ihre Stimmung beeinflussen. Wenden Sie die überwältigende Kraft Ihres Gehirns an, um sich in eine bessere Stimmung zu versetzen, wenn Ihre Lage ein wenig schwierig wird.

Siebte Minute:

Verändern Sie Ihre
Körperbewegungen

Ich möchte Ihnen jetzt über ein Forschungsprojekt berichten, das Ihr Leben auf den Kopf stellen könnte. Es betrifft einen relativ jungen, aber sehr aufregenden Zweig der menschlichen Verhaltensforschung, der bekannt ist als neurolinguistisches Programmieren oder kurz NLP.

Die Begründer der NLP sind zwei Therapeuten, John Grinder und Richard Bandler. In den letzten zwanzig Jahren haben sie bahnbrechende Fortschritte gemacht auf dem Gebiet der Ausnutzung menschlicher Fähigkeiten. NLP beschäftigt sich damit, wie verbale und nonverbale Sprache das Nervensystem beeinflussen. Lassen Sie sich von diesen Fachbegriffen nicht abschrecken; viele Aspekte des NLP sind leicht zu begreifen und anzuwenden. Die Ergebnisse dieser einfachen Handlungen können jedoch völlig verblüffend sein.

* Charakter ist die Grundlage
* des Glücks und Glück die
* Belohnung des Charakters.
* *George Santayana, Philosoph*

Eine der weitreichendsten Entdeckungen, die diese NLP-Therapeuten gemacht haben, betrifft den Zusammenhang zwischen Körperbewegungen und menschlichen Gefühlen.

Denken Sie an jemanden, der niedergeschlagen ist! Stimmt es nicht, daß ein trauriger Mensch oft aussieht und sich bewegt wie ein trauriger Mensch? Jemand, der deprimiert ist, geht langsam, läßt die Schultern hängen, atmet nur flach und stößt hin und wieder Seufzer der Enttäuschung aus, lächelt nicht und richtet meist den Blick zu Boden. Selbst die Stimme eines niedergeschlagenen Menschen klingt oft anders – verhaltener, klanglos und schwach.

Stimmt es nicht auch, daß wir uns ganz anders bewegen, wenn wir glücklich sind? Wir bewegen uns schneller, lächeln mehr, reden voller Energie, atmen tiefer usw.

Es ist offensichtlich, daß unsere Gefühle unsere Körperbewegungen verändern. Die überraschende Entdeckung, die die NLP-Forscher machten, ist, daß das auch anders herum funktioniert! Wenn du dich bewegst, als seist du glücklich, beginnst du tatsächlich, dich glücklich zu fühlen.

Das ergibt auch einen Sinn. Wie wir in dem

Kapitel »Sechste Minute« gesehen haben, ist das Gehirn ein superleistungsfähiger Computer. Wenn Sie sich auf eine bestimmte Art bewegen, wenn Sie glücklich sind, schließt Ihr Gehirn folgerichtig, daß Sie glücklich sind, wenn Sie sich so bewegen! Dieses Phänomen ist bekannt als psychomotorische Wechselwirkung – glückliche Gedanken führen zu glücklichen Bewegungen und glückliche Bewegungen zu glücklichen Gedanken.

Versuchen Sie es jetzt selbst einmal. Setzen Sie sich hin und nehmen Sie die Haltung ein, in der Sie sich wahrscheinlich befänden, wenn Sie wirklich niedergeschlagen sind – wenn Sie beispielsweise zum dreißigsten Mal in diesem Jahr ausgeraubt worden sind und keine Versicherung haben, um den Schaden zu ersetzen. Lassen Sie die Schultern hängen, atmen Sie flach, machen Sie ein niedergeschlagenes Gesicht, reden Sie mit sich, als seien Sie deprimiert. Los, versuchen Sie das mit hundertprozentiger Überzeugung nur eine Minute lang. Auf geht's!

Wie fühlen Sie sich jetzt? Nicht so gut, hm? Nach gerade sechzig mickrigen Sekunden beginnen Sie, sich ein wenig niedergeschlagen, trauriger, weniger kraftvoll zu fühlen. Wenn

＊ Wer glücklich ist, kann
＊ glücklich machen; wer's tut,
＊ vermehrt sein eignes Glück.
＊   *J. W. L. Gleim, Dichter*

Sie in nur einer Minute Ihre Stimmung verändern können, indem Sie Ihre Haltung ändern, stellen Sie sich einmal vor, welche Auswirkung das auf Ihre Laune hätte, wenn Sie den ganzen Tag niedergeschlagen durch das Haus schleichen! Und dennoch verbringen so viele Leute ihr ganzes Leben damit, so herumzuhängen. Solche Körperhaltung und -bewegungen sorgen unter Garantie dafür, daß diese Leute sich einfach mies fühlen. Ständig senden sie negative Botschaften an ihr Gehirn – Stunde um Stunde, Tag um Tag, Jahr um Jahr. Pfui Teufel!
Versuchen Sie es jetzt einmal anders herum. Engagieren Sie sich hundertprozentig bei diesem Test. Setzen Sie sich in Ihren Sessel, als würden Sie überschäumen vor Freude. Lächeln Sie aus vollem Herzen, setzen Sie sich gerade hin, atmen Sie tief durch und entspannen Sie sich. Bringen Sie Ihren Körper in eine Haltung, als fühlten Sie sich absolut phantastisch, als sei dies der glücklichste Augen-

blick Ihres Lebens. Entspannen Sie sich in diesem euphorischen, glückseligen Zustand eine ganze Minute lang. Versuchen Sie's!

Wie fühlen Sie sich? Wenn Sie sich bei dieser Übung wirklich angestrengt haben, werden Sie feststellen, daß Ihr Zustand sich beträchtlich verändert hat. Sie sind viel entspannter, zufriedener und glücklicher, als Sie in Ihrer niedergedrückten Körperhaltung waren. Ihr Körper hat nämlich über das Nervensystem die Botschaft an das Gehirn geschickt, daß Sie glücklich sind, und daher beginnt Ihr Gehirn, die notwendigen Verfahren einzuleiten, damit Sie sich glücklich fühlen.

Denken Sie daran: Ihr Unterbewußtsein ist Ihr Diener, der jeden Befehl entgegennimmt, den Sie ihm geben. Also geben Sie Ihrem Gehirn die Anweisung, sich gut zu fühlen, indem Sie so handeln, als fühlten Sie sich gut.

Ist Ihnen klar, über welch lebensverändernde Informationen Sie mit diesem Wissen über die psychosomatischen Wechselwirkungen verfügen? Das bedeutet, daß Sie nie wieder endlose Stunden lang niedergeschlagen sein müssen! Wenn Sie sich mies fühlen, bewegen Sie sich voller Überzeugung so, als seien Sie glücklich, und Ihre Stimmung wird sich schnell aufhellen. Diese Technik funktioniert wirklich, besonders mit einiger Übung. Sie kann Ihre Laune unglaublich verändern. (Tatsächlich waren Grinder und Bandler nicht die ersten, die diese Theorie entwickelt haben. Kein Geringerer als Charles Darwin behauptete in seinem Buch *Der Ausdruck der Gemütsbewegungen bei dem Menschen und den Thieren*, daß wir unsere Gefühle durch Gesten und Gesichtsausdrücke beeinflussen können. Wann? 1872!)

* Strebe nach Glückseligkeit.
* Wenn Du sie nicht erreichst,
* triffst du vielleicht immer
* noch das Glück.
*   *Jasper Argonous,*
*   *Philosoph*

Wie kann man aufhören zu weinen? Lächeln Sie und schauen Sie auf einen Punkt an der Decke. Wenn man das tut, ist es fast unmöglich zu weinen. Warum? Weil diese Körperbewegung Ihrem Gehirn eine andere Botschaft sendet! Stellen Sie sich vor, welche Auswirkung das auf Ihr Leben haben kann. Sie sind erschöpft, weil Sie lange im Büro gearbeitet

haben. Beginnen Sie, sich im Büro umherzu-
bewegen, als steckten Sie voller Energie,
und – boing! Ihr Gehirn verschafft Ihnen die
Energie, die Sie brauchen. Wenn Sie zu einer
ersten wichtigen Verabredung gehen wollen
und nervös sind, weil er, sie oder es einfach
umwerfend phantastisch ist, laufen Sie in der
Wohnung herum, als seien Sie völlig entspannt und zuversichtlich. Wenn Sie herumlaufen und sich bewegen, als seien Sie zuversichtlich, erhält Ihr Gehirn die Botschaft, so
zu handeln. Wollen Sie sich sexy fühlen?
Bewegen Sie sich sexy, und genauso werden
Sie sich dann auch fühlen. Sie können genauso sein, wie Sie wollen, wenn Sie Ihre Körperbewegungen und Gedanken entsprechend
verändern, da sie beide voneinander abhän-
gen.

✳ Das grundlegende Bestreben
✳ im Leben ist das nach
✳ Glück ...
✳ Optimismus ist der einzig
✳ wahre Zustand für einen
✳ vernünftigen Mann.
✳   *Phillips Brooks,*
✳   *Philanthrop*

Aber Sie müssen, ich wiederhole *müssen*, es hundertprozentig machen. Wenn Sie sich nur halbherzig umherbewegen und erwarten, sich glücklich zu fühlen, funktioniert das nicht. Sie müssen so tun, als stünden Sie auf einer Bühne und würden für ein Millionen-Dollar-Filmprojekt vorspielen, und alles hinge davon ab, ob Ihre schauspielerischen Leistungen brillant sind. Wenn Sie gut schauspielern und sich so bewegen, als seien Sie glücklich, wird Ihnen Ihr Gehirn bald die glücklichen Gedanken und Gefühle vermitteln, die Sie sich wünschen.

Achte Minute:

Verändern Sie Ihren Blickwinkel

Probieren Sie einmal diesen Test aus, er ist einfach faszinierend.

Schauen Sie sich um und merken Sie sich alles, was blau ist. Versuchen Sie dabei im Gedächtnis zu behalten, wo sich jedes blaue Teil befindet. Hören Sie auf zu lesen, und versuchen Sie es jetzt sofort. Sobald Sie einigermaßen sicher sind, wo sich die blauen Dinge befinden, versuchen Sie sich zu erinnern, wo sich die roten Sachen befinden. Ohne noch einmal hinzuschauen. Sie können es nicht, und der Grund dafür ist das N. A. S. des Gehirns.

Die meisten Menschen wissen nicht einmal, daß sie ein N. A. S. haben, und dennoch ist dessen Funktion unglaublich wichtig. N. A. S bedeutet Netzaktivierungssystem, und das ist der Teil des Gehirns, der dafür verantwortlich ist, daß Sie sich auf bestimmte Dinge konzentrieren können.

Jeder Mensch wird täglich mit Milliarden von Informationen konfrontiert. Unsere Augen sehen Millionen von Bildern; unsere Nase wittert Tausende von Gerüchen; unsere Ohren

nehmen zahllose Geräusche wahr. All diese
Reize würden uns völlig überwältigen, wenn
unser Gehirn sie uns alle bewußt machen
würde. Wenn das wirklich geschähe, würden
wir verrückt.

* Das Lächeln, das du
* aussendest, kehrt zu dir
* zurück als Glück.
* *Indische Weisheit*

Um uns davor zu bewahren, von den Män-
nern in den weißen Kitteln abtransportiert
zu werden, richtet das N. A. S. des Gehirns
seinen Blickwinkel nur auf das, was wichtig
für uns ist, und alles Unwichtige erreicht nie
unser Bewußtsein. Dieser Vorgang nennt sich
Selektion. Ist Ihnen beispielsweise je aufgefallen, daß Sie, wenn Sie ein neues Auto
kaufen, diese Marke plötzlich überall sehen?
Nein, sie ist nicht gerade jetzt, weil Sie sie
gekauft haben, besonders beliebt geworden. Das N. A. S. Ihres Gehirns filtert diese Autos jetzt heraus, weil diese Marke für
Sie eine besondere Bedeutung bekommen
hat.
Was hat all das damit zu tun, glücklicher zu

werden? Wahnsinnig viel. Wegen des N. A. S. müssen Sie sorgfältig darauf achten, auf was Sie sich konzentrieren. Denn *auf was wir uns konzentrieren, das sehen wir.*

Genau wie Sie viele blaue Dinge wahrnehmen, wenn Sie sich auf blau konzentrieren, werden Sie bald feststellen, daß Ihr Leben größtenteils schlecht verläuft, wenn Sie sich darauf konzentrieren, was schlecht in Ihrem Leben ist. Wenn Sie die Einstellung vertreten, daß Ihr Leben eine einzige Katastrophe ist, werden Sie rasch eine Menge Beweise dafür finden. Wenn Sie umgekehrt die Einstellung haben, daß Ihr Leben großartig ist, werden Sie diesen Gedankengang problemlos beweisen können.

Viele von uns lassen sich leicht zu irgendeinem dämlichen Gedanken hinreißen, selbst wenn er noch so wertlos, wenig hilfreich und negativ ist. Wenn wir die Gedanken, auf die wir uns konzentrieren, nicht lenken, werden wir die Sklaven unserer Lebensumstände, statt ihre Herren zu sein.

Das ist keine Art, zu leben, und ganz bestimmt kein Rezept für dauerhaftes Glück. Wenn wir auch nur eine Chance haben wollen, glücklich zu sein, müssen wir uns disziplinieren, an allem nur das Gute wahrzunehmen, ganz gleich, wie schrecklich die Ereignisse zunächst auch erscheinen mögen.

Wirklich mächtige und erfolgreiche Menschen besitzen die Fähigkeit, ihre Sichtweise zu kontrollieren. Wenn alle um sie herum nur Versagen wahrnehmen, sehen sie statt dessen Möglichkeiten. Ein klassisches Beispiel dafür ist Thomas Edison, vielleicht der größte Erfinder, der je diesen Planeten mit seiner Anwesenheit beehrt hat. Offensichtlich führte Edison mehr als zehntausend verschiedene Experimente durch, bevor er mit Erfolg elektrisches Licht schuf. Es geht die Mär, daß eines Tages ein Assistent zu ihm kam, nachdem er gerade seinem jüngsten Fehlversuch beigewohnt hatte, und ihm die bissige Frage stellte: »Mr. Edison, glauben Sie, daß Sie zehntausend Fehlversuche brauchen werden, um elektrisches Licht zu schaffen?« Edison blickte ihm in die Augen und erwiderte: »Es ist mir nicht etwa zehntausendmal mißlungen, elektrisches Licht zu erfinden. Ich habe über neuntausend Wege entdeckt, es *nicht* zu erfinden!«

Für Edison bedeutete jeder Mißerfolg ein Erfolg, weil er danach eine Möglichkeit weniger ausprobieren mußte. Seine ganze Weltanschauung unterschied sich von der eines durchschnittlichen Menschen. Da er seinen Blickwinkel auf das Positive richtete, konnte er seine Arbeit und somit sein Leben viel mehr genießen.

> ✳ Vergiß nicht – man benötigt
> ✳ nur wenig, um ein glück-
> ✳ liches Leben zu führen.
> ✳ *Marc Aurel,*
> ✳ *Philosoph*

Helen Keller ist ein weiteres Vorbild dafür, das Mögliche zu denken. Wenn Sie blind und taub würden, hätten Sie jedes Recht, sich vollkommen elend zu fühlen. Nicht so Helen Keller. Sie lernte nicht nur sprechen und unterrichtete sich selbst, sondern sie lehrte auch Millionen anderer durch ihre außergewöhnlichen Worte und Taten, das Leben zu schätzen. Ohne Zweifel war sie jemand, der anders dachte als der durchschnittliche Mensch. Sie schrieb einmal: »Wenn eine Tür sich schließt, öffnet sich stets eine andere. Aber so viele Menschen sehen nur die verschlossene Tür, sie schaffen es nicht, die Möglichkeiten zu sehen, die die geöffnete Tür ihnen bietet.«[*]

Mit anderen Worten: Kontrollieren Sie Ihre Sichtweise und Sie werden glücklicher. Entscheiden Sie sich, darauf zu achten, was in jeder Situation positiv ist, und Ihr Leben wird voll sein von Positivem. Ist es naiv, anzunehmen, daß in jedem Negativen, das uns wiederfährt, etwas Positives steckt? Leide ich an einem schweren Fall von übertriebenem, unerschütterlichem Optimismus?

Bob Proctor würde das nicht glauben. Proctor ist einer der bedeutendsten Berater auf dem Gebiet menschlicher Fähigkeiten, und sein Wissen über das menschliche Gehirn ist überwältigend. Proctor vertritt eine Theorie, die als Gesetz der Polarität bekannt ist. Einfach ausgedrückt besagt das Gesetz der Polarität, daß alles ein Gegenteil besitzt. Ohne Dunkelheit gibt es kein Licht, ohne Stille kein Geräusch, ohne Kälte keine Wärme. Auf unser tägliches Leben angewendet, bedeutet das, es kann sich nichts Schlimmes ereignen, ohne daß daraus etwas Gutes erwächst. Der Trick

[*] Zu Helen Keller vgl. Knaur TB 77255 *Mein Weg aus dem Dunkel.*

ist, dieses Positive zu finden, sich darauf zu konzentrieren und dadurch seine Stimmung zu verbessern.

✻ Das Glück macht in seiner
✻ Größe wett, was ihm an
✻ Länge fehlt.
✻   *Robert Frost, Dichter*

Meiner Erfahrung nach spricht sehr viel für diese Theorie. Ganz gleich, wie katastrophal eine Situation ist, sie hat auch immer ihr Gutes. Um diese Theorie einmal durchzuspielen, wählen wir ein krasses hypothetisches Beispiel.

Stellen Sie sich einmal vor, Ihr Haus wäre ausgeraubt worden. »Was ist denn daran gut?« werden Sie fragen. Nun, ich wette, daß Sie zum einen für den Rest Ihres Lebens dafür sorgen werden, daß Ihr Haus gut gesichert ist mit einer Alarmanlage, Schlössern an allen Fenstern und vielleicht sogar einem Hund. Sie haben sichergestellt, daß Ihr Besitztum aller Wahrscheinlichkeit nach für den Rest Ihres Lebens sicher ist. Wenn Ihr Haus nicht ausgeraubt worden wäre, hätten Sie das vielleicht nicht getan. (Sie werden auch viel Spaß dabei haben, mit dem Hund herumzutoben, den Sie sonst nie angeschafft hätten.) Aus dem Diebstahl werden Sie auch Wichtiges lernen: Ihren Besitz nicht einfach als gegeben hinzunehmen; Ihre Familie zu schätzen (schließlich hätte etwas Schreckliches passieren können, wenn sie zu Hause gewesen wäre); die Polizei zu unterstützen; schwerverdientes Geld nicht für lächerlich teuren Schmuck zu verschwenden, der vielleicht schon nächste Woche gestohlen wird. Möglicherweise entschließen Sie sich aufgrund dieses Diebstahls dazu, Selbstverteidigung zu erlernen. Das würde dann zu besserer Gesundheit und einem beträchtlich gewachsenen Selbstwertgefühl führen.

Die Tatsache, daß Sie ausgeraubt worden sind, eröffnet auch einige aufregende Möglichkeiten. Nehmen wir beispielsweise einmal an, man hätte Ihre gesamte Kleidung gestohlen. Mit dem Geld der Versicherung hätten Sie dann die Gelegenheit, sich eine völlig neue Garderobe zu kaufen. (Wenn Sie nicht bestohlen worden wären, würden Sie das bestimmt nicht tun.) Wenn man Ihren Fernseher mitgenommen hätte, wäre das die Gelegenheit, sich den supermodernen Fernseher anzuschaffen,

für den Sie sich im Einkaufszentrum begei-
stert hatten.

    *   Man sollte besser vergessen
    *   und lächeln, als sich
    *   erinnern und traurig sein.
    *   *Christina Rossetti,*
    *   *Dichterin*

Ohne Zweifel werden Sie all Ihren Freunden
von dem Diebstahl erzählen. Ist es nicht wahrscheinlich, daß einige von ihnen ihre Sicher-
heitsvorkehrungen zu Hause verschärfen werden, wenn sie von Ihren unglücklichen Erfahrungen hören? Diese Sicherheitsvorkehrun-
gen retten Ihre Freunde vielleicht davor, auch
ausgeraubt zu werden. Auch dies ist ein positives Ergebnis.
Und so geht das weiter. Wenn Sie wirklich
ernsthaft darüber nachdächten, würden Sie
eine sehr lange Liste von positiven Dingen
zusammenstellen können, die das direkte Ergebnis einer so offensichtlichen Katastrophe
sind. Das gleiche gilt auch für jedes andere
Unglück, das Ihnen widerfahren kann. Das
Entscheidende ist, in jeder Situation das Positive zu entdecken und sich darauf zu kon-

zentrieren. Dann werden Sie sich bestimmt glücklicher fühlen. Gewöhnen Sie sich an, immer dann, wenn etwas Katastrophales, Ärgerliches oder einfach Scheußliches passiert, die Frage zu stellen:

Was ist das Gute daran?

Denken Sie gut über die Antworten nach, und wenn Sie eine Liste zusammengestellt haben, konzentrieren Sie Ihre Gedanken auf diese positiven Dinge. Je stärker Sie sich auf das Positive einer Situation konzentrieren, desto mehr wird der Schmerz verschwinden. Wenn Sie Ihren Blickwinkel auf die negativen Aspekte einer Erfahrung richten, wird der Schmerz wachsen. Es liegt ganz bei Ihnen.

     ✳   Gelegenheit, glücklich zu
     ✳   werden, hilft nichts, wer den
     ✳   Verstand nicht hat, sie zu
     ✳   benutzen.
     ✳   *J. P. Hebel,*
     ✳   *Dichter*

Diese Frage stellen Sie sich, wenn Sie wegen eines bestimmten Ereignisses unglücklich sind. Aber was ist, wenn Sie sich ohne besonderen Grund mies fühlen? Haben Sie nicht auch schon Tage erlebt, an denen Sie sich bereits beim Aufwachen richtig elend fühlten, und das blieb dann den ganzen Tag so? Mir ist das einige Male auch so ergangen. Diese unerklärliche Niedergeschlagenheit hat meine Neugierde geweckt. Daher beschloß ich, einmal zu überprüfen, was Wissenschaftler dazu sagen.

Auf zwei Antworten bin ich dabei gestoßen – eine leichtverständliche und eine andere, die ein wenig schwieriger ist. Hier zunächst die einfachere:

Physiologen glauben, daß man morgens oft niedergeschlagen ist wegen der Mahlzeit des Vorabends. Wenn Sie, kurz bevor Sie zu Bett gehen, ein riesiges Abendessen mit viel Fleisch zu sich nehmen, sorgen Sie garantiert dafür, daß Sie am nächsten Morgen wie erschlagen aufwachen. Der einfache Grund ist, daß Ihr Geist zwar geschlafen, aber Ihr Körper mit Volldampf daran gearbeitet hat, das schwere Zeug zu verdauen. Wenn Sie vermeiden wollen, daß Sie sich am frühen Morgen geistig und körperlich träge fühlen, sollten Sie folgendes beherzigen:

1. Beenden Sie Ihre letzte Mahlzeit mindestens zwei Stunden, bevor Sie ins Bett gehen.
2. Essen Sie abends nicht zuviel Fleisch.

Das Abendessen sollte die leichteste Mahlzeit des Tages sein, weil die körperlichen Aktivitäten, die auf das Abendessen folgen, normalerweise nicht viel Energie erfordern. (Okay, wenn ihr verrückt auf Sex um Mitternacht seid, könnt ihr ein bißchen mehr essen.)
Wenn Ernährung die konventionelle Erklärung für morgendliches Unglücklichsein ist, wie lautet dann die schwierigere Erklärung?
Viele Traumforscher glauben, daß man, wenn man einen anstrengenden, erschöpfenden, furchteinflößenden oder gar deprimierenden Traum hatte, am nächsten Morgen mit hoher Wahrscheinlichkeit müde und gereizt ist. Ihr Unterbewußtsein weiß schließlich nicht, daß Sie träumen, wenn Sie träumen. Es reagiert auf dieses sechsköpfige, 90 Meter große Känguruh, das auf Sie zugesprungen kommt, als sei es vollkommen real! Daher gehen Sie völlig in Ihrem Traum auf, und all das Rennen, Schreien, Kämpfen und Weinen erschöpft Ihren Geist. Genauso erscheint es sinnvoll, daß

Spuren von Gefühlen in Ihrem Gehirn zurück-
bleiben, wenn Sie einen sehr deprimierenden
Traum haben und dann aufwachen. Diese
Theorie ist zumindest sehr interessant.

✳   Glück scheint dazu gemacht,
✳   geteilt zu werden.
✳   *Pierre Corneille, Dramatiker*

Ob Sie nun niedergeschlagen sind, wenn Sie
aufwachen, oder zu irgendeiner anderen Ta-
geszeit unglücklich sind, es gibt eine äußerst
wirkungsvolle Technik, die Sie anwenden
können, um aus Ihrem Trott herauszukom-
men und sich schnell glücklicher zu fühlen.
Denken Sie daran, daß Ihr Gemütszustand
sich normalerweise danach richtet, auf was
Sie sich konzentrieren, und fragen Sie sich,
wenn Sie niedergeschlagen sind, einfach nur:

Über was in meinem Leben kann ich glück-
lich sein?

Konzentrieren Sie sich dann richtig auf diese
Dinge. Vielleicht möchten Sie gerne alle Men-
schen, die Sie mögen, auf diese Liste setzen.
Schreiben Sie Ihre besonderen Talente auf;

jeder kann irgend etwas besonders gut. Wirklich jeder. Wie ist es mit dem, was Sie bereits erreicht haben? Denken Sie scharf genug nach, und Sie werden eine ganze Reihe von Dingen finden, die Sie gemeistert haben. Können Sie es erkennen? Das ist doch etwas, über das man überglücklich und für das man dankbar sein muß. Haben Sie zwei Beine? Millionen Menschen auf der Welt würden alles dafür geben, auch zwei Beine zu haben. Haben Sie Arbeit? Vielleicht gefällt sie Ihnen nicht besonders, aber es gibt Millionen von Menschen auf der Welt, für die ein Traum in Erfüllung ginge, wenn sie einen Arbeitsplatz hätten. Haben Sie einen Schlafplatz für die Nacht? Vielleicht hätten Sie gerne einen Swimmingpool oder möchten das Badezimmer renovieren, aber wiederum gibt es Millionen von Menschen, die nicht einmal ein Dach über dem Kopf haben.

Meine Lieblingsquelle für Gründe zum Glücklichsein ist Barbara Ann Kipfers vergnügliches Buch *14 000 Things to Be Happy About* (*14 000 Dinge, über die man glücklich sein kann*). Darin listet sie reihenweise Dinge auf, die Sie und ich einfach als gegeben hinnehmen, die aber zumindest ein wenig glücklich machen. Sie erinnert uns daran, daß wir glücklich sein können über:

○ einen See, in dem sich die letzten Son-
  nenstrahlen spiegeln, die über den Tan-
  nenwald scheinen
○ frische Brötchen
○ sonderbare Zehen
○ einen Dom aus Bäumen
○ knisternde Baumwollkleider
○ aufreizende Musik
○ Milchkühe
○ Sonnenblumen
○ Matratzen
○ Margeriten
○ Bremsflüssigkeit
○ warme Sonne und schäumende Gischt

Und noch etwa 13 990 weitere Dinge ...

✳ Die glücklichsten Augen-
✳ blicke meines Lebens waren
✳ die wenigen, die ich zu
✳ Hause im Schoße meiner
✳ Familie verbracht habe.
✳   *Thomas Jefferson,*
✳   *Staatsmann und Philosoph*

Nehmen Sie sich einen Augenblick Zeit, um in die folgende Liste einzutragen, worüber Sie glücklich sind.

Ich bin glücklich über:

1.
2.
3.
4.
5.
6.
7.
8.
9.
10.
11.
12.
13.
14.
15.
16.
17.
18.
19.
20.

*   Wo man mit Ernst beginnt
*   ein Werk zu betreiben;
*   wo man die schlaffe Trägheit
*   niederhält; wo zu der
*   Klugheit sich der Mut gesellt:
*   da wohnt das Glück – da
*   will es bleiben.
*   *Pantschatantra*

Wenn Sie sich die Liste anschauen, haben Sie dann nicht das Gefühl, das Leben ist gar nicht so übel? Wenn wir uns nicht an all die positiven Dinge erinnern, hacken wir mit Sicherheit auf den negativen herum. Und darum ist vor allem die achte Minute für den Prozeß des Stimmungswandels so außerordentlich wertvoll.

Es hängt alles davon ab, die Dinge in den richtigen Blickwinkel zu bekommen, nicht wahr? Denken Sie einen Augenblick darüber nach.

Der legendäre Wissenschaftler Carl Sagan schätzt, daß es allein in unserer Galaxie über hundert Milliarden Planeten geben kann. Wenn das so ist, wie bedeutend kann dann irgendein irdisches Problem im großen Plan sein? Und wie winzig müssen dann unsere persönlichen Probleme sein? Natürlich glauben wir, daß sie groß sind, weil wir von ihnen betroffen sind, aber im gesamten Bild ist die Erde wie ein Sandkorn an einem Millionen Kilometer langen Strand. Finden Sie nicht, daß wir unser Leben nicht länger so ernst nehmen sollten? Einer der gewaltigen Vorteile der Fragen in der »Achten Minute« ist, daß Sie sich zu einer ausgeglichenen Sichtweise zwingen, damit man mehr vom großen Ganzen wahrnimmt, statt nur von seiner eigenen kleinen Welt besessen zu sein.

Wenn Sie sich stets, sobald Sie niedergeschlagen sind, fragen: »Was ist gut daran?« und »Worüber in meinem Leben kann ich glücklich sein?«, wird das die Art und Weise, wie Sie Ihre Probleme sehen, völlig verändern. Denken Sie daran, daß jeder üble Vorfall auch immer eine gute Möglichkeit bietet. Das Gesetz der Polarität ist unveränderlich.

Und wenn Sie sich angewöhnen, bei jedem schlechten Ereignis in Ihrem Leben an zwanzig gute zu denken, wie können Sie sich dann noch elend fühlen? Diese guten Dinge existieren wirklich, wir müssen uns nur zwingen, sie nicht zu vergessen. Wenn Sie sich regelmäßig fragen: »Was ist gut daran?« und »Worüber in meinem Leben kann ich glücklich sein?«, muß die Wahrnehmung Ihrer Lebensumstände positiver werden.

Denn was Ihr Bewußtsein und Ihre Stimmungen anbelangt, ist die Wahrnehmung mit der Wirklichkeit gleichzusetzen.

Ein glückliches Leben

Herzlichen Glückwunsch! Sie halten jetzt das Werkzeug in Händen, um in acht Minuten glücklich zu werden!

Falls Ihr Gedächtnis so schlecht wie meines ist, wollen wir dieses einzigartige System, um glücklich zu werden, noch einmal Schritt für Schritt Revue passieren lassen und die Grundgedanken zusammenfassen:

Im ersten Schritt *stimulieren Sie die Thymus-drüse*, indem Sie lächeln, auf den Thymus klopfen und Ihre Zunge in Mittelstellung bringen. Sorgen Sie dafür, daß es ein breites Lächeln ist, von dem Sie Krähenfüße in den Augenwinkeln bekommen.

Im zweiten Schritt *verändern Sie Ihre Atmung* und schöpfen so Ihre Lungenkapazität viel besser aus.

Der dritte Schritt ist, *Fruchtsaft* zu *trinken*, damit die hochwirksame Glukose vorüberge-hend Ihre Stimmung verbessern kann.

Im vierten Schritt *visualisieren* Sie, wie Sie sich verändern wollen, um so Ihr Selbstbild zu wandeln.

Im fünften Schritt *bewegen Sie sich* voller

Überzeugung so, *als seien Sie bereits glück-lich.*

✳ Das Glück deines Lebens
✳ hängt von der Beschaffenheit
✳ deiner Gedanken ab.

✳   *Marc Aurel, Philosoph*

Im abschließenden sechsten Schritt *verän-dern Sie die Sichtweise Ihrer Gedanken*, in-dem Sie sich auf das Positive in Ihrem Leben konzentrieren.

Wenn Sie diese Techniken, die sich auf jahr-zehntelange Gehirnforschung stützen, richtig anwenden, ist es physisch unmöglich, Ihre Stimmung nicht zu verbessern, und es funk-tioniert bei jungen Menschen gleichermaßen wie bei alten. Niemals sind Sie länger als acht Minuten vom Glück entfernt.

Ist das kein erfreulicher Gedanke?

Prägen Sie diesen Prozeß Ihrem Gedächtnis ein und bedienen Sie sich seiner immer dann, wenn Ihr Leben ein wenig schwierig wird – oder auch nur, wenn Sie sich einigermaßen gut fühlen und sich großartig fühlen möchten.

Vergessen Sie nicht, daß Ihre Fähigkeiten, Ihre Stimmung zu beeinflussen, nur dann sehr wirkungsvoll sein können, wenn Sie die Techniken regelmäßig üben. Selbst wenn Sie gerade keinen Fruchtsaft in Reichweite haben oder nur ein paar Augenblicke erübrigen können, nehmen Sie sich die Zeit, um wenigstens einige der Techniken zu praktizieren. Sie alle wirken darauf hin, Ihren Zustand zu verändern, aber kombiniert angewandt können sie Ihr Befinden auf den Kopf stellen.

Nach einer Lernphase werden Sie verblüffende Fortschritte dabei machen, die Leistungsfähigkeit Ihres Gehirns zu steigern. Schon bald wird Ihre Visualisierungskraft so stark werden, daß Sie Ihr Filmgehirn dazu benutzen wollen, noch andere Dinge im Leben zu erreichen, als nur gute Laune. Stellen Sie sich beispielsweise regelmäßig vor, daß Sie Ihre Arbeit gut verrichten. So sicher, wie auf den Tag die Nacht folgt, werden Sie bei der Arbeit bald mehr leisten. Skeptikern wird das verrückt erscheinen, aber diese Zweifel werden nur durch Unkenntnis über die Arbeitsweise des Gehirns hervorgerufen. Sobald Sie richtig begriffen haben, wie das Ding zwischen Ihren Ohren funktioniert, werden Sie nicht nur daran glauben, spektakuläre Fähigkeiten zu besitzen, Sie werden sie erwarten.

Wenn Sie Ihren Lieben die Geheimnisse, wie man seine Stimmung verändern kann, enthüllen, wird sich Ihr Leben noch stärker verändern. Stellen Sie sich vor, all Ihre Familienangehörigen und engen Freunde wären viel öfter viel glücklicher. Ihrer aller Lebensqualität würde sich unendlich steigern.

   ✳   Die Menschheit ist stets
   ✳   glücklich, weil sie früher
   ✳   glücklich war. Wenn man
   ✳   sie also jetzt glücklich macht,
   ✳   macht man sie durch die
   ✳   Erinnerung daran auch in
   ✳   zwanzig Jahren glücklich.
   ✳   *Sydney Smith,*
   ✳   *Schriftsteller*

Denken Sie immer daran, daß Ihr Verhalten stets auch das Ergebnis Ihres Gemützustandes ist. Wenn Sie bewirken können, daß Sie sich glücklich und voller Energie fühlen, dann ist es viel wahrscheinlicher, daß Sie mit allem, was Sie tun wollen, Erfolg haben. Seien Sie nicht so wie Millionen von Menschen, die deprimiert mit Leichenbittermiene herumschleichen und sich selbst damit langsam krank machen. Sie müssen wissen, daß Sie Ihren Körper vitalisieren, wenn Sie sich selbst in hervorragende Stimmung versetzen, und damit Ihre Chancen, länger zu leben, gewaltig steigern. Wie wir in Kapitel eins gesehen haben, ist es eine erwiesene Tatsache, daß Glück gesund macht, und umgekehrt.

* Die Menschen kommen
* durch nichts den Göttern
* näher, als wenn sie
* Menschen glücklich machen.
* *Cicero,*
* *Philosoph*

Jetzt, da Sie gelernt haben, wie Sie sich in eine glücklichere Stimmung versetzen können, wollen Sie sicher wissen, wie man dauerhaftes Glück erlangt. Das ist eine schwierigere Frage.

Warum sind so viele Leute unglücklich – insbesondere diejenigen, die so viele Yachten, Häuser, Geliebte und Gucci-Schuhe besitzen, wie sie nur wollen? Und warum gibt es gleichzeitig Menschen, die wenig mehr als ein Lendentuch besitzen und vollkommen glücklich sind? In einem so knapp gehaltenen Buch wie diesem kann ich unmöglich den Anspruch erheben, darauf eine endgültige Antwort zu geben. Aber ich kann Ihnen mitteilen, was Wissenschaftler, die Jahrzehnte damit verbracht haben, das Glück zu erforschen, herausgefunden haben.

Als erstes müssen wir uns das Werk von Mihalyi Csikszentmihalyi und David Myers anschauen. Mihalyi ist ein Pionier auf dem Gebiet der »Glückseligkeitsforschung« und Autor eines sehr erhellenden Buches, *The Psychology of Optimal Experience*, das in Deutschland unter dem Titel *Flow: Das Geheimnis des Glücks* veröffentlicht wurde.

Dieser bedeutende Professor der University of Chicago führte intensive Interviews mit Menschen aller Altersstufen, vieler Schichten, Berufsrichtungen und Nationalitäten. Er fand heraus, daß diejenigen, die das Leben am meisten genossen, dazu neigten, sich in »flow«-Aktivitäten zu vertiefen. Was ist eine »flow«-Aktivität? Eine Tätigkeit, die Sie völlig vereinnahmt und ihre Fähigkeiten wirklich fordert. Genau dort liegt der Punkt zwischen Angst und Langeweile, der Punkt, an dem Sie zutiefst herausgefordert werden, aber noch alles unter Kontrolle haben. Das kann beim Schreiben passieren, beim Skilaufen, Kochen, Autofahren – überall! Sie vergessen Ort und Zeit und gehen völlig in Ihrer Aufgabe auf, Sie haben das Ziel klar vor Augen und machen Fortschritte in diese Richtung. Nach Professor Csikszentmihalyi sind Sie um so glücklicher, je mehr Sie Ihr Leben (bei der Arbeit und in der Freizeit) mit solchen Aktivitäten anfüllen.

> ❊ Großes Glück ist die Feuer-
> ❊ probe des Menschen, großes
> ❊ Unglück nur die Wasserprobe.
> ❊   *Jean Paul,*
> ❊   *Schriftsteller*

Der Sozialwissenschaftler David Myers, der seine Forschungsergebnisse in dem leicht verständlichen Buch *The Pursuit of Happiness – Das Streben nach Glück* zusammenfaßte, ist der Überzeugung, daß glückliche Menschen häufig vier besondere Charakteristika haben. Der erste Charakterzug, der nach D. Myers zum psychischen Wohlbefinden beiträgt, ist Selbstwertgefühl. Glückliche Menschen mögen sich selbst. Die zweite Eigenschaft ist Selbstbestimmtheit: Glückliche Menschen glauben, daß sie das Ruder selbst in der Hand haben und im Leben nicht nur Befehlen folgen. Als dritte Eigenschaft führt er den guten alten Optimismus an: Glückliche Menschen sind voller Hoffnung. Schließlich deuten seine Forschungsergebnisse darauf hin, daß Extrovertiertheit dazu beiträgt, das Leben zu genießen: Glückliche Menschen neigen dazu, mehr aus sich herauszugehen.

Natürlich haben einige Menschen das Glück, mit diesen Eigenschaften auf die Welt zu kommen, aber der Rest von uns sollte die Hoffnung nicht aufgeben. Man kann jeden Charakterzug, den man haben möchte, entwickeln. Sicher kostet das Willenskraft, Ausdauer und Zeit, aber es ist zu schaffen. In der Psychologie gibt es zahlreiche Beispiele, daß schüchterne Menschen Selbstvertrauen gewannen, Pessimisten optimistisch wurden und Menschen mit geringem Selbstwertgefühl starkes Selbstbewußtsein entwickelten. Sie schaffen das auch, wenn Sie es wirklich wollen und bereit sind, daran zu arbeiten.

Bei meinen eigenen Forschungen habe ich beobachtet, daß Menschen, von denen ich weiß, daß sie zutiefst glücklich sind, folgende Gemeinsamkeiten haben:

Glückliche Menschen haben Energie.

Ich kenne keinen einzigen Menschen, der in Anspruch nehmen kann, glücklich zu sein, und geistig oder körperlich schwach ist. Glückliche Menschen verströmen Energie, Kraft und Elan. Viel von dieser Energie ist zweifelsohne zurückzuführen auf ein Leben voller sinnvoller Ziele und Träume, Projekte und Ideen, die wirklich dazu anregen, jeden Morgen aufzustehen. Aber viel von ihrer Stärke beruht auch ganz klar darauf, daß diese Menschen ein gesundes, aktives Leben führen. Ich glaube ganz einfach nicht, daß man auf lange Sicht glücklich sein kann, ohne sich die Zeit zu nehmen, die Energiereserven seines Körpers wieder aufzufüllen.

* Glück ist so federleicht, nie
* wird's gefangen. Unglück so
* erdenschwer, nie wird's
* umgangen.
* *Konfuzius, Philosoph*

Sie brauchen keine besonders anstrengenden, körperlichen Übungen zu absolvieren, sollten Ihren Körper aber regelmäßig trainieren. Jeden Abend ein Spaziergang mit dem Hund kann Wunder wirken. Selbst tägliche Atemübungen reichen aus, um im Laufe der Zeit das Energieniveau beträchtlich zu heben. Aber ohne jegliche körperliche Aktivität wird Ihr Körper anfällig und Ihr Verstand stumpf.

❋ Glückselig ist, wer alles hat,
❋ was er will.
❋ *Augustinus, Philosoph*

Glückliche Menschen sind freigebig.

Wirklich glückliche Menschen sind nur allzu bereit, anderen zu geben, es bereitet ihnen Vergnügen, andere zu beschenken. Ich habe den Eindruck, daß die selbstsüchtigsten Menschen, die ich kenne, auch zu den unglücklichsten gehören. Selbstsüchtige Menschen sind geizig; sie glauben, anderen etwas zu geben bedeutet, selbst weniger zu haben. Dieses Denken geht über eines der grundlegendsten Naturgesetze hinweg: »Auf jede Aktion erfolgt eine entsprechende Reaktion.« Wenn Sie etwas geben, werden Sie dafür irgendwann, irgendwo, in irgendeiner Form etwas Gleichwertiges bekommen.

Außerdem kann das Ihre Lebenserwartung verlängern. Während der achtziger Jahre wurde in China eine breitangelegte Untersuchung mit über Hundertjährigen durchgeführt. Eines der Charakteristika, die alle diese Hundertjährigen gemeinsam hatten, war, daß sie anderen gerne halfen, sei es durch die Wahl ihres Berufes oder in ihrem persönlichen Leben.

Glückliche Menschen führen ein ausgeglichenes Leben.

Der schnellste Weg, unglücklich zu werden, ist, in einem einzelnen Aspekt seines Lebens völlig aufzugehen. Wenn Sie sich nur um Ihren Beruf kümmern, wird die Familie darunter leiden. Wenn Sie sich nur dafür interessieren, durch die Discos zu ziehen, dann wird im Laufe der Zeit Ihre Gesundheit darunter leiden. Wenn Sie superfit sein wollen und Ihr ganzes Leben mit Trainieren verbringen, dürfen Sie nicht erwarten, besonders klug oder wohlhabend zu werden.

Eine Zeitlang kann es aufregend oder sogar lohnend sein, sein Leben nur einem Aspekt zu widmen, aber wenn Sie sich um die anderen Bereiche nicht wenigstens ein bißchen kümmern, werden Sie sich leer fühlen. Ich schlage Ihnen keineswegs vor, ein Hansdampf in allen Gassen zu werden, der von nichts wirklich eine Ahnung hat. Wenn Sie etwas gerne tun, geben Sie sich dem ruhig mit Leidenschaft hin, aber achten Sie darauf, daß Ihr Leben dadurch nicht aus dem Gleichgewicht gerät.

Glückliche Menschen lehnen es ab, irgendeinen Bereich ihres Lebens zu vernachlässigen. Sie lassen alle Gebiete zu ihrem Recht kommen: Körper, Geist, Seele, Finanzen, Geselligkeit und die Familie. Vielleicht konzentrieren sie sich besonders auf einen Bereich, aber nicht völlig zu Lasten der anderen.

✳   Glück ist die einzige
✳   Belohnung im Leben; wenn
✳   das Glück ausbleibt, ist das
✳   Dasein nur ein verrücktes
✳   und beklagenswertes
✳   Experiment.
✳   *George Santayana,*
✳   *Philosoph*

Glückliche Menschen halten auch das Tempo ihres Lebens im Gleichgewicht. Ein Leben, in dem man stets voller Elan vorwärtsstürmt, hört sich vielleicht großartig an, aber nach einer Weile überfordert es den Geist und treibt Raubbau am Körper. Zum Ausgleich für Zeiten hektischer Aktivität muß es ruhige Zeiten geben, in denen man dem Organismus Gelegenheit bietet, sich zu erholen. Wenn Sie ein Beispiel dafür suchen, wie man in ausgewogener Weise lebt, brauchen Sie sich nur Mutter Natur anzuschauen.

Beobachten Sie beispielsweise das Verhalten eines Tieres. Tiere sind nicht frustriert, sie machen sich nicht den ganzen Tag negative Gedanken. Wenn eine Situation auftaucht, die sie stark beansprucht, gehen sie effizient damit um und nehmen dann binnen Minuten wieder eine entspannte Haltung ein. Von ihnen können wir eine Menge lernen. Ein weiteres Beispiel: Pflanzen versuchen nicht, das ganze Jahr über zu blühen. Sie wissen, daß es eine Zeit gibt, um zu blühen, eine Zeit, sich auszuruhen, und eine Zeit, um Energien zu sammeln, damit sie wieder blühen können. Workaholics könnten von ihnen einige Tricks lernen.

Je mehr Sie die Kreisläufe der Natur beobachten, desto stärker wird Ihnen klar, daß sie die besten Möglichkeiten entwickelt hat, um mit jeder Situation fertig zu werden. Es gibt eine alte asiatische Schule der Philosophie, die darauf basiert, der Natur zu folgen. Sie ist bekannt als Taoismus – nach »Tao«, der Weg. Die Taoisten waren in der Lage, ihr Leben zu verbessern, ihre Gesundheit zu fördern, ihre wissenschaftlichen Kenntnisse zu erweitern und ihr Glück positiv zu beeinflussen, indem sie die Natur beobachteten und deren Prinzipien anwandten.

Die Taoisten stellten beispielsweise fest, daß die Zweige eines Baumes biegsam waren, solange sie lebten. Wenn sie steif waren, bedeutete das normalerweise, daß der Baum abgestorben war. Auch der Körper eines Menschen ist biegsam, solange er lebt, und wenn er völlig steif ist, ist auch er tot. Daraus schlossen sie, daß man beweglich bleiben muß, wenn man ein langes, gesundes Leben führen möchte. Ein beweglicher Körper und Geist, flexibel in beruflichen und persönlichen Angelegenheiten.

Glückliche Menschen scheinen über diese Flexibilität in ihrem Leben zu verfügen. Wenn einmal etwas nicht nach Plan läuft, arbeiten sie sich um das Problem herum, statt sich darüber aufzuregen und davon unter Druck setzen zu lassen. Natürlich muß man kein Taoist oder Naturliebhaber sein, um ein glückliches Leben zu führen, aber ganz gewiß verfügen die meisten glücklichen Menschen über dieses Gefühl für Ausgewogenheit im Leben, das auch die Natur aufweist.

* Jedesmal, wenn ich mit
* einem Gelehrten rede, habe
* ich das sichere Gefühl, daß es
* nicht länger möglich ist,
* glücklich zu werden. Wenn
* ich jedoch mit meinem
* Gärtner rede, bin ich vom
* Gegenteil überzeugt.
*   *Bertrand Russell,*
*   *Philosoph (zugeschrieben)*

Glückliche Menschen glauben an sich.

Welchen Einfluß der Glaube auf Körper und Seele haben kann, ist überwältigend. 1895 berichtete Dr. Emil Coue, daß er bei Patienten eine fünfmal höhere als die durchschnittliche Heilungsrate erreichte, indem er ihre Überzeugungen veränderte. Seine Methode? Er brachte seine Patienten dazu, oft zu sagen:

»Jeden Tag geht es mir in jeder Hinsicht besser und besser.« Das genügte, um ihre Überzeugungen zu verändern, die wiederum langsam das körperliche Befinden veränderten.

* Glück ist ein warmer junger
* Hund.
* *Charles M. Schultz,*
* *Schöpfer der* Peanuts

Man glaubte einst, daß es physisch unmöglich sei, die Meile unter vier Minuten zu laufen. Mediziner schworen, daß der menschliche Körper sich nicht schneller bewegen könne, und alle glaubten ihnen. Also, fast alle.
Ein junger Athlet namens Roger Bannister war zutiefst von seinen eigenen Fähigkeiten überzeugt, und, richtig, nach Jahren gewaltiger Anstrengung lief Bannister 1954 die Meile in unter vier Minuten. Dann geschah noch etwas Unglaubliches. Im folgenden Jahr brachen *siebzehn* Athleten die alte Vier-Minuten-Marke. Siebzehn! Obwohl man es noch ein Jahr zuvor für völlig unmöglich gehalten hatte. Und im darauffolgenden Jahr schafften über *zweihundert* Sportler die Meile in unter vier Minuten.

* Ein modernes Rezept eines
* unbekannten Autors für ein
* glückliches Heim nennt
* folgende Zutaten: »4 Tassen
* Liebe, 2 Tassen Loyalität,
* 3 Tassen Nachsicht, 1 Tasse
* Freundschaft, 5 Löffel
* Hoffnung, 2 Löffel Zärtlich-
* keit, 4 Liter Vertrauen,
* 100 Liter Lachen. Nehmen
* Sie Liebe und Loyalität und
* vermischen Sie sie gründlich
* mit Vertrauen. Rühren Sie
* Zärtlichkeit, Freundlichkeit
* und Verständnis darunter.
* Fügen Sie Freundschaft und
* Hoffnung hinzu, bestreuen
* Sie alles reichlich mit
* Lachen. Backen Sie es im
* Sonnenschein. Täglich in
* großzügigen Portionen
* servieren.«
* *Anonymus*

Was war geschehen? Hatten all diese Athleten ihre Trainingsgepflogenheiten dramatisch
verändert? Hielten sie alle etwa eine strenge

Bananendiät oder so etwas ein? Natürlich nicht. Das einzige, was diese Athleten änderten, war ihre Überzeugung, aber das genügte vollkommen, um sie selbst zu verändern.

Glückliche Menschen haben andere Überzeugungen als andere Menschen. Sie glauben, daß sie gut genug sind, um ihre Probleme zu lösen, gleichgültig, wie schwierig sich diese darstellen. Sie vertrauen auf sich, auf ihre Fähigkeiten und Träume. Außerdem sind sie fest davon überzeugt, daß das Leben wirklich lebenswert ist und – was besonders wichtig ist – daß man wirklich glücklich werden kann.

Haben sie recht, oder machen sie sich selbst zum Narren? Das spielt überhaupt keine Rolle. Wie Henry Ford einmal sagte: »Ob du glaubst, du kannst es, oder nicht, du hast immer recht.« Der Glaube schafft die Wirklichkeit. Wenn Sie wirklich nach Glück streben, müssen Sie an sich selbst glauben und daran, daß man glücklich werden kann. Wenn Sie diesen Glauben in sich nicht nähren, wird Ihr Glück verpuffen, sobald Ihr Leben ein wenig schwieriger wird.

Wir bekommen das, worauf wir uns konzentrieren, also müssen Sie sich entschließen, sich aufs Glücklichwerden zu konzentrieren. Stehen Sie morgens auf, schauen Sie in den Spiegel und sagen Sie: »Heute wird einer der glücklichsten Tage des Jahres.« Setzen Sie dann Ihre ganze Kraft daran, diese Überzeugung Wirklichkeit werden zu lassen. Je mehr Sie sich darauf konzentrieren, glücklich zu werden, desto mehr wird Ihnen klarwerden, daß Glück wenig damit zu tun hat, was Ihnen jeden Tag widerfährt. Was wirklich zählt, um gücklich zu werden, ist Ihre Reaktion auf diese Ereignisse.

Entweder lachen Sie darüber oder Sie laden sich die ganze Welt auf Ihre Schultern, das bleibt Ihnen überlassen. Wie Shakespeare sagte: »Nichts ist gut oder schlecht, das Denken macht es dazu.« Aber die eine Art zu denken führt zu einem Leben voller Bitterkeit und Angst und die andere zu einem Leben voller Lachen und Freude.

Wir sind so besessen davon, uns Dinge anzuschaffen, daß wir vergessen, warum wir überhaupt hinter all den Autos, der Kleidung, den Häusern herjagen. Natürlich wollen wir glücklicher werden. Aber warum streben Sie jahrelang ein materielles Ziel an, um sich glücklich zu fühlen, wenn Sie diesen Zustand in acht Minuten erreichen können? Das verstehe ich nicht.

Wahres Glück wird Ihr ganzes Leben durchdringen, wenn Ihnen klar wird, daß die größte Quelle der Freude in Ihnen selbst fließt. Wenn Sie entdecken, wer Sie wirklich sind. Wenn Sie entdecken, daß Menschen keine äußerlichen Dinge brauchen, um glücklich zu werden; es kommt alles von innen. Versprechen Sie sich selbst, daß Sie heute damit anfangen werden, die Techniken in diesem Buch anzuwenden. Lassen Sie nie wieder zu, daß Ihre Lebensumstände Ihre Laune bestimmen, und lassen Sie nie wieder zu, daß Sie sich anders als glücklich fühlen. Sie werden verblüfft sein, wie es sich auf Ihr Leben auswirkt, wenn Sie sich dem Glücklichsein widmen.

Ich wünsche Ihnen einen glücklichen Tag.

✳   Solange ein Mensch
✳   entschlossen ist, glücklich zu
✳   sein, wird er glücklich sein,
✳   und nichts kann ihn
✳   aufhalten.
✳   *Alexander Solschenizyn,*
✳   *Schriftsteller*

Die Bibliothek
des Glücks

Ich genieße es, die Kunst des Glücklichseins zu studieren. Viele Stunden meiner Freizeit verbringe ich damit, aus der ganzen Welt – von der Antike bis zur Gegenwart – Bücher über dieses Thema durchzulesen. Diese Bücher gehören wirklich zu meinen besten Freunden. Sie sind eine ständige Quelle des Entzückens und Staunens, der Führung und Weisheit. Wie gute Freunde sind manche von ihnen schwerer zu finden als andere.

Um ehrlich zu sein, war der Aufbau meiner Bibliothek des Glücks eine langdauernde, mühsame Aufgabe. Auf ein Buch, das meinen Horizont erweiterte, kamen zehn, die zum Einschlafen langweilig waren. Wieder und wieder kaufte ich ein Buch, das ich dann eine Stunde später enttäuscht auf den Couchtisch legte. Um Ihnen die zehn Jahre der Suche, die ich benötigte, um eine großartige Bibliothek des Glücks aufzubauen, zu ersparen, berichte ich Ihnen in diesem letzten Kapitel über einige wichtige Bücher, die mein Leben verändert haben.

✳ Wenn du glaubst, glücklich
✳ zu sein, reicht das aus, um
✳ tatsächlich glücklich zu sein.
✳ *Madame de la Fayette,*
✳ *Schriftstellerin*

Einige dieser Bücher beschäftigen sich mit materiellem Glück, wie man all die Dinge bekommt, von denen man immer geträumt hat. Andere befassen sich mit seelischem Glück und dringen dabei bis zum Kern unseres Wesens vor. Alle stecken voller Energie. Jedes von ihnen verfügt über das Potential, Ihr Leben auf sehr bedeutungsvolle Weise zu verändern.
Hier ist also meine Hitliste, geordnet nach Erfolg, Gesundheit und seelischem Glück.

Erfolg und Glück

James Allen, *Heile deine Gedanken. Werde Meister deines Schicksals*, Freiburg 1996

Dieses Buch, das 1910 zum ersten Mal veröffentlicht und seitdem immer wieder aufgelegt worden ist, stößt bis zum Kern von Erfolg und

Glück im Leben vor: zu den Gedanken. Jede Seite dieses Buches handelt davon, wie selbst die geringfügigsten Gedanken Ihre Zukunft mitbestimmen. Nachdem Sie dieses Buch gelesen haben, werden Sie begreifen, wie Sie dorthin gelangt sind, wo Sie im Leben stehen, und daß alles, was Ihnen widerfährt, in Ihrer Macht liegt.

* Die Stunden zu füllen –
* das ist Glück; die Stunden zu
* füllen und keinen Raum
* zu lassen für Reue oder
* Zustimmung.
* *Ralph Waldo Emerson,*
* *Schriftsteller und Philosoph*

Napoleon Hill, *Denke nach und werde reich*, Kreutlingen 1996

Ein Klassiker auf diesem Gebiet. Wenige Bücher haben mehr Leute zu Millionären gemacht als dieses. Zum ersten Mal las ich es mit siebzehn, und es war ausschlaggebend dafür, daß mein Denken auf finanziellen Erfolg ausgerichtet wurde. Bevor der Autor begann, dieses Buch zu schreiben, verbrachte er *über zwanzig Jahre* damit, die reichsten und erfolgreichsten Männer Amerikas zu interviewen. Das ist doch wahres Engagement! Seine Hingabe zeigt sich in der Weisheit, die aus jeder Seite spricht.

Edward de Bono, *Taktiken und Strategien erfolgreicher Menschen*, Landsberg 1995

Edward de Bono entwickelte das Konzept lateralen Denkens, also eines Denkens, das beide Gehirnhälften einbezieht, und hält rund um die Welt Vorträge darüber, wie man kreativ sein kann. Aber mein Lieblingsbuch unter seinen Büchern ist nicht eines über Kreativität, sondern eines über Erfolg. *Taktiken* ist eine eingehende Studie über etwa fünfzig der erfolgreichsten Sportler, Geschäftsleute und Künstler der Neuzeit. Es ist höchst aufschlußreich. Wenn man die Lektionen dieses Buches in die Praxis umsetzt, dürfte es sehr schwierig sein, keinen finanziellen Erfolg zu haben.

* Unter allem, was zu einem
* glücklichen Leben beiträgt,
* gibt es kein größeres Gut,
* keinen größeren Reichtum
* als die Freundschaft.
*   *Epikur,*
*   *Philosoph*

John Paul Getty, *How to Be Rich*

Wenn Getty nicht wüßte, wie man reich wird,
wer dann? Getty, einer der ersten amerikanischen Milliardäre, legte haarklein alle Schritte dar, die notwendig sind, um wirklich reich
zu werden. Auf unterhaltsame Weise erörterte
er die traditionellen Quellen des Reichtums:
Immobilien, Öl, Aktien. Besonders hilfreich
sind Gettys Ratschläge an junge Leute, die die
Erfolgsleiter noch erklimmen wollen.

Gesundheit
und Glück

Daniel Reid, *Das chinesische Gesundheits-buch. Das Tao der Gesundheit, der erfüllten Sexualität und des langen Lebens*, Düsseldorf 1997

Dies ist das hervorragendste Gesundheitsbuch, das ich in den letzten zehn Jahren gelesen habe. Reid, ein taoistischer Arzt und Wissenschaftler, versteht es mit Leichtigkeit, alte Heilmethoden und moderne westliche Medizin miteinander zu kombinieren. Die drei Schätze, die der Mensch hüten soll, sind Ching, die wesentlichen Flüssigkeiten des menschlichen Körpers wie Blut, Lymphe und sexuelle Essenz, Chi, die grundlegende Energie des Körpers, und Shen, der Geist, der Verstand und sein Wirken.
Einfach gesagt beweist der Autor, daß viel mehr dazu gehört, gesund zu sein, als den meisten von uns klar ist. Kaufen Sie es für alle, die Ihnen am Herzen liegen.

* Es stimmt nicht, daß alle,
* die glücklich sind, gleicher-
* maßen glücklich sind. Glück
* besteht aus der Vielschichtig-
* keit eines positiven
* Bewußtseins.
* *Samuel Johnson, Schriftsteller.*

Wong Kiew Kit, *Die Kunst des Qi Gong.*
Unsere Vitalenergie optimal aktivieren,
Knaur TB 76080, München 1995

Hier wird Reids Konzept des Chi noch viel weiter geführt. Vielleicht haben Sie noch nie von diesem mysteriösen Zeug in Ihrem Kör- per, dem Chi, gehört, aber glauben Sie mir, Sie werden bald eine Menge darüber erfahren. Jetzt, da sich China der westlichen Welt öff- net, werden seine alten medizinischen Ge- heimnisse enthüllt, und das Konzept des Chi ist das Kernstück der chinesischen Medizin. Dieses Buch zeigt Ihnen ganz deutlich, was das Chi in Ihrem Körper bewirkt und wie Sie mit den richtigen Chi-Übungen Ihre Gesund- heit und Ihr Glücksempfinden auf verblüffen- de Weise stärken können.

Dr. Kenneth Cooper, *Die neuen Gesund-macher. Antioxidantien. Das Ernährungs-und Fitneßprogramm gegen freie Radikale*, München 1997

Meiner Meinung nach wird es im nächsten Jahrhundert mit Hilfe von Chi und Antioxidantien auf dem Gebiet des körperlichen Wohlbefindens einen entscheidenden Durchbruch geben. In diesem Buch erläutert Dr. Kenneth Cooper, der populäre und kenntnisreiche Erfinder des Aerobic, was Antioxidantien sind und wie sie uns bis in ein hohes Alter gesund und glücklich erhalten können.

Deepak Chopra, *Die heilende Kraft. Das ayurvedische Wissen vom Leben und die modernen Naturwissenschaften*, Knaur TB 76107, München 1995

Chopra ist die führende Kapazität auf dem Gebiet psychosomatischer Medizin und obendrein ein Autor, der dem Leser Vergnügen bereitet. *Die heilende Kraft* war eines seiner ersten Bücher und ist sicherlich eines seiner besten. Darin enthüllt Deepak, auf welch wundervolle Weise das indische Heilsystem Ayurveda funktioniert. Ayurvedische Medizin ist ganz natürlich, sehr leicht anzuwenden und äußerst effektiv. Wenn Sie Chopras Empfehlungen für ein ayurvedisches Leben folgen, werden Sie zwangsläufig gesünder und glücklicher.

✳ Wenn du dich fragst, ob du
✳ glücklich bist, hörst du auf,
✳ es zu sein.
✳   *John Stuart Mill,*
✳   *Philosoph*

Seelisches Glück

Dieses Gebiet ist solch eine Fundgrube von Schätzen, daß es mir sehr schwerfällt, meine Lieblingsbücher auszuwählen. Jedes der Bücher, die im folgenden aufgelistet sind, hat mich grundlegend verändert – zum Besseren.

Paramahansa Yogananda, *Autobiographie*, Knaur TB 86109, München 1995

Ein echter Klassiker! Eine der großartigen Geschichten spirituellen Abenteuers in der Neuzeit, ein Flug auf einem fliegenden Teppich durch die höheren Regionen des Bewußtseins. Das Buch führt uns durch Yoganandas Entwicklung vom frühreifen Kind, das die ihm innewohnenden Kräfte gerade entdeckte, bis zu seiner gegenwärtigen Rolle als majestätischer geistiger Führer Tausender.
Yogananda zeigt uns die starke Verbindung zwischen Christentum und Hinduismus, welche erstaunlichen paranormalen Fähigkeiten im Menschen verborgen liegen – und er schenkt uns die Freude, das spirituelle Wunderland Indien zu erkunden.

＊ Ich habe gelernt, in welchem
＊ Zustand ich mich auch
＊ befinde, damit zufrieden
＊ zu sein.

＊   *Paulus,*
＊   *Apostel*

Scheich Fadhlalla Haeri, *The Sufi Way to Happiness*

Die Sufis sind islamische Mystiker, Meister der Meditation, die in der Welt leben, sich aber ganz Gott geweiht haben. Ihnen werden Wunderkräfte nachgesagt wie Telepathie, Hellsehen und die Fähigkeit der Astralreise. Ob Sie das glauben oder nicht, spielt keine Rolle; das Buch vermittelt genug handfeste Informationen, wie man glücklicher lebt, daß es sich lohnt, es zu lesen. Wenn Sie dieses spezielle Buch nicht auftreiben können, wählen Sie irgendein anderes über Sufismus aus. Sie werden damit belohnt werden, eine äußerst brauchbare Philosophie über Leben, Liebe, Glück und Erfolg kennenzulernen.

Lao-tse, *Tao Te King. Das Buch vom rechten Weg und von der rechten Gesinnung*, Berlin 1996

Dieses Buch ist von Gelehrten öfter als jedes andere Buch auf der Welt übersetzt worden – außer der Bibel. Mit Worten läßt sich sein Wert gar nicht beschreiben, lesen Sie es und sehen Sie selbst.

✳ Das Glück besteht darin, in
✳ dem zur Maßlosigkeit
✳ neigenden Leben das
✳ rechte Maß zu finden.
✳   *Leonardo da Vinci,*
✳   *Maler*

Weitere Bücher, die für Ihre Bibliothek des Glücks empfohlen werden können

Tony Buzan, *Kopf-Training. Anleitung zum kreativen Denken*, München 1995

Mihalyi Csikszentmihalyi, *Flow: Das Geheimnis des Glücks*, Stuttgart 1995

Kurt Hanks/J. A. Parry, *Wake Up Your Creative Genius*

B. K. Iyengar, *Licht auf Yoga – Das grundlegende Lehrbuch des Hatha-Yoga*, München 1992

Barbara Ann Kipfer, *14000 Things to Be Happy About*

Werner Lengenfelder, *9999 Dinge, die glücklich machen*, Augsburg 1995

David Myers, *The Pursuit of Happiness*

Anthony Robbins, *Grenzenlose Energie. Das Power-Prinzip*, München 1993

Dr. Martin Seligman, *Pessimisten küßt man nicht. – Optimismus kann man lernen*, Knaur TB 82026, München 1995

* Nun, ich habe ein
* glückliches Leben geführt.
* *William Hazlitt,*
* *Schriftsteller*
* *(letzte Worte)*

Josef Kirschner

(7549)

Foto: Isolde Ohlbaum

(7442)

(7610)

Von Josef Kirschner sind außerdem bei Knaur erschienen:

Die Kunst, ohne Überfluß glücklich zu leben (7647)

Die Kunst, ohne Angst zu leben (7689)

So wehrt man sich gegen Manipulation (7717)

So lernt man, sich selbst zu lenken (7718)

So hat man mehr Spaß am Sex (7719)

So plant man sein Leben richtig (7720)

So lebt man glücklich – ohne Heirat (7740)

So macht man auf sich aufmerksam (7741)

So nutzt man die eigenen Kräfte besser (7742)

So lernt man, sich selbst zu lieben (7743)